自壊する北朝鮮 分裂する韓国

Tsutomu Nishioka
西岡 力

草思社

自壊する北朝鮮　分裂する韓国

西岡　力

目次

第2章 南への憧れで北朝鮮が内部崩壊

第3章 通常兵力でも韓国軍にかなわない、核戦略の大変化

第2部　分裂する韓国

第4章　尹錫悦の狂乱、陰謀論を信じて戒厳宣布

第5章 韓国医療を危機に追い込む尹錫悦の「医療改革」

第3部　国際関係の中の朝鮮半島

第6章　金正恩はなぜウクライナ侵略戦争に派兵したのか

第7章　習近平の金正恩いじめの驚くべき実態

第4部　朝鮮半島と日本

第8章　今後の南北コリア

はじめに

令和7（2025）年2月15日、北朝鮮による拉致被害者家族連絡会（家族会）の創設メンバーである有本明弘さんが逝去された。享年96歳だった。明弘さんは奥様の故嘉代子さんとともに、家族会・救う会（北朝鮮に拉致された日本人を救出するための全国協議会）ができる前から、拉致被害者救出運動に取り組んできた先駆者だった。その有本さんご夫妻がついに恵子さんと抱き合うことがかなわなくなってしまった。一緒に戦ってきた者として、悲しいし、悔しい、そして申し訳ない。

明弘さんは90歳を過ぎても新聞とテレビでニュースを見て国内外の政治情勢について考え、恵子さんをはじめとする拉致被害者をどのように助けるのかについてご自身お考えをまとめて、私たちや、首相や担当大臣をはじめとする政府、有力国会議員に伝えてきていた。令和6年12月、林芳正拉致問題担当大臣兼官房長官に、「政府はどのような道筋で被害者を助けようとしているのかを明らかにせよ」と強い調子で迫っていた姿を思い出す。

ご逝去の翌日の16日、私たち家族会・救う会は合同会議を開き、「時間がない、政府は親の世代が存命のうちに全拉致被害者の即時一括帰国を実現せよ」という新運動方針を決めたところだった。

有本さんの問い、すなわち拉致被害者救出の道筋について、私も常に考えてきた。実は合同会議でも私は道筋、方法は3つあると以下のように報告した。

1つ目は「実力による救出」だ。拉致は明確な主権侵害だから救出作戦は自衛権の行使だ。ただし、全被害者のリストがいまだなく、何より今どこにいるかについての情報がないなかで、平時の救出作戦は不可能だ。北朝鮮で混乱事態が起きたり、北朝鮮軍が韓国に全面的な軍事攻撃をしかけたりして、米韓軍が北進するような事態が発生した場合は別だ。そのときには、自衛隊による救出作戦が決断されうる。

2つ目は「核開発を阻止することを目的とした米国の圧力を背景にして日米が連携して行う交渉」だ。北朝鮮は強い圧力がかかったときにだけ譲歩する。米国が核問題で軍事攻撃を含む強い圧力をかけ、その結果、北朝鮮が交渉の場に出てきたとき、交渉のテーブルに核ミサイルだけでなく拉致問題ものせる。核と拉致が解決しないと軍事攻撃もあり得るが両者が解決すれば制裁を緩め、大規模な経済支援をすることも可能だという取引を持ちかけることだ。第1次トランプ政権のとき、これが実現に近づいた。

3つ目は、拉致問題を核問題と切り離して「時間的制約のある人道問題」と位置づけて、日朝首脳会談実現を北朝鮮に求める方法だ。岸田文雄政権がそれを試みた。

トランプ政権が再度登場した。第2の方法による救出のチャンスが来たと言える。このチャンスを活かすためには、北朝鮮の内部状況、北朝鮮と韓国の関係、北朝鮮とロシア、中国、米国との関係、日朝関係などについて正確な分析が必要だ。ところが、令和6（2024）年から北朝鮮と韓国、北朝鮮と中国、ロシアの関係でこれまで想像もできなかった大変化がつぎつぎ起きている。それを必死で追いかけつつ、救出戦略を考え、国民運動を続けてきた。リアルタイムで集めた現場取材し情報を収集して行った情勢分析の内容をここにまとめた。

本書が、認定未認定にかかわらず全拉致被害者の救出と、横田早紀江さんがめぐみさんと抱き合うための一助になることを願っている。

令和7年3月末日　東京にて

西岡　力

＊本書では国際関係を多く扱うので西暦を用いる。

第1部

自壊する北朝鮮

第1章

金正恩が南北統一を放棄

金正恩が演説で祖父と父を否定

いったい北朝鮮で何が起きているのか。2024年に入り、日本と韓国の北朝鮮ウォッチャーはこの話題で持ちきりだった。

金正恩《キムジョンウン》委員長は2023年12月末の朝鮮労働中央委員会総会で、「大韓民国の連中とは、いつになっても統一が実現しない。(略) 北南関係は、同族関係、同質関係ではない、敵対的な両国関係、戦争中にある両交戦国関係」だと言い切った。

大韓民国と正式国号で呼んだこと、韓国を同族でなく交戦中の外国と位置づけた。それまでの北朝鮮の対南政策を根本から覆す、驚くべき内容だった。

これが何を意味するのか。ウォッチャーたちが議論を重ねるなか、1月15日の最高人民会議(国会)で金正恩は、「首都平壌の南の関門に無様に立っている祖国統一3大憲章記念塔を撤去する」と演説した。この演説については少し後で詳しく紹介するが、ここでは国営の「朝鮮中央通信」の日本語記事からごく一部を引用した。「無様に立っている」と訳されている部分の朝鮮語原文は「コル不見《プルギョン》」で、「見たくもない」とか「見苦しい」という意味の罵倒語だ。この演説からわずか数日後、実際に記念塔が撤去された。

この記念塔は、２００1年に金正恩の父である金正日《キムジョンイル》総書記が、祖父である金日成《キムイルソン》主席の統一に関する業績を記念するために建てたものだ。平壌市南部の「統一通り」にある高さ30メートルの巨大な建造物で、それぞれ韓国と北朝鮮を象徴する女性２人が手をつなぐ形をしていた。すぐ横には金日成の直筆の言葉が刻まれた石碑もあった。

撤去を目撃した平壌市民らから、指導者は平常心を失っているのかという声が上がっていると聞いた。

金正恩が父金正日と祖父金日成を否定したのだ。なぜ、わざわざ自身の権力の源である白頭山《ペクトウサン》の血筋を否定するのか。これにはほんとうに驚かされた。

朝鮮半島現代史の本質

金正恩の統一否定について詳しく論じる前に、まず、朝鮮半島の現代史を振り返っておこう。朝鮮半島の現代史をひとことで言うと、自由民主主義・市場経済と共産党独裁・計画経済の対決だった。日本の敗戦により、半島の南半部を米軍が、北半部をソ連軍が支配した。

南半部では民主的プロセスを経て自由民主主義、市場経済の大韓民国が建国された。

１９４８年5月に制憲議会すなわち憲法を定める議会の議員を選ぶ普通選挙が行われた。国連は監視団を送って選挙が公正に行われるよう見守った。ただし、国連総会が議決した監視団の活動をソ連軍が拒み、北半部では選挙ができなかった。7月に大韓民国制憲議会が憲法を制定し、8月15日、憲法の規定に従って選ばれた李承晩《イスンマン》大統領が大韓民国の建国を宣言した。

北半部ではソ連が主導して、共産党一党独裁、社会主義計画経済の北朝鮮が作られた。連合国が半島全体の統一政府を作るための議論を進めるなか、1946年2月に北朝鮮では事実上の政府である臨時人民委員会がソ連軍によって作られ、金日成が委員長となった。その委員会が、半島全体の政府ができる前に地主から土地を無償で没収し農民に分け、その後、協同農場で土地の共同所有に移行する社会主義的農地改革が進んだ。産業も国有化され、社会主義体制への移行が本格的に進んだ。1948年2月には政府樹立前に人民軍が創設された。

当時のソ連の独裁者スターリンは、北朝鮮を全朝鮮革命（赤化統一）の基地とせよという指令を下した。北朝鮮は建国以来、スターリンの指令に従い、韓国を米帝国主義の植民地と規定、共産主義による半島統一を至上課題とした。建国からわずか2年後の1950年に南侵戦争（朝鮮戦争）を起こしたのも武力による統一の試みだった。それが米軍を主力とする国連軍の介入で失敗した後も、テロと対南政治工作で赤化統一を目指し続けてきた。

その後、金日成政権とそれを引き継いだ金正日政権は、韓国を米国の植民地とみなし、米国支配下で苦しんでいる韓国人民を解放することを国家の至上課題としてきた。

労働党の党規約も、2021年の党大会まではその前文に、「朝鮮労働党の当面の目的は、共和国北半部で社会主義強盛国家を建設し、全国的な範囲で民族解放民主主義革命の課業を遂行することにあり、最終目標はすべての社会を金日成・金正日主義化し、人民大衆の自主性を完全に実現することにある」と書いていた。ここで言う「全国的な範囲での民族解放民主主義革命」とは、まさに赤化統一のことだ。その北朝鮮が統一を放棄した。重大な政策転換であり、敗北宣言だ。

「韓国は平定すべき敵国」

先述のとおり２０２３年末から２０２４年1月にかけて行われた党の重要会議と国会（最高人民会議）の演説で金正恩が統一放棄を明言した。12月末の労働党中央委員会総会で金正恩は「韓国は統一されるべき同じ民族ではなく、戦争で平定すべき敵国」と演説した。そして、1月15日の国会演説でこう述べた。

> わが人民の政治・思想生活と精神・文化生活の領域で「三千里《サムチヨルリ》の錦繡《クムス》江山《ガンサン》」「八千万同胞」のように、北と南を同族にまどわす残滓的な単語を使用しないということと、大韓民国を徹頭徹尾、第一の敵対国、不変の主敵と確固と見なすように教育を強化するということを「憲法の・西岡補・以下同」当該の条文に明記するのが正しいと思う。
>
> この他にも、憲法にある「北半部」「自主、平和統一、民族大団結」という表現が今や削除されなければならないと思う。
>
> 私は、これらの問題を反映して共和国憲法が改正されなければならず、次回の最高人民会議で審議されなければならないと思う。

憲法改正とともに「同族、同質関係としての北南朝鮮」「わが民族同士」「平和統一」などの象徴として映りかねない過去時代の残余物を処理するための実務的対策を適時に伴わせなければならない。

差し当たり、北南交流協力の象徴として存在していた京義線のわが方の区間を回復不可の水準に物理的に完全に断ち切ることをはじめ、境界地域のすべての北南連携条件を徹底的に分離させるための段階別措置を厳格に実施しなければならない。

そして首都平壌の南の関門に無様に立っている「祖国統一3大憲章記念塔」を撤去するなど、自余の対策も実行することによってわが共和国の民族史で「統一」「和解」「同族」という概念自体を完全に除去しなければならない。（傍線と二重傍線は西岡・以下同）

傍線部分を順に見ても、〈北と南を同族にまどわす残滓的な単語を使用しない〉〈憲法にある「北半部」「自主、平和統一、民族大団結」という表現が今や削除されなければならない〉〈「同族、同質関係としての北南朝鮮」「わが民族同士」「平和統一」などの象徴として映りかねない過去時代の残余物を処理する〉〈わが共和国の民族史で「統一」「和解」「同族」という概念自体を完全に除去しなければならない〉と繰り返し、韓国を同じ民族とは見ないことが強調されている。

先ほども書いたが、二重傍線部分、〈首都平壌の南の関門に無様に立っている「祖国統一3大憲章記念塔」を撤去する〉にはほんとうに驚いた。

「祖国統一3大憲章」とは、1972年の「南北7・4共同声明」にある自主、平和統一、民族大団結という3大原則と、1980年10月、労働党第6回大会で提示された高麗民主連邦共和国統一案、そして、1993年4月に最高人民会議で採択された全民族大団結十大綱領の3つで、どれも金日成が提唱したものだ。

金日成の死後の2001年に金正日がそれを記念する高さ30メートルの巨大なアーチ型の記念塔を、平壌から韓国方向につながる道路の入り口に建てた（下写真）。塔のすぐ横には、金日成の言葉を刻んだ大きな石碑も立っていた。それを見苦しいと罵倒して、撤去すると宣言した。人工衛星写真で確認すると、数日後にはほんとうに撤去されていた。

金正恩の演説を受けてすぐ、北朝鮮では国歌の歌詞が変えられた。1番の「三千里の美しいわが祖国」という部分で半島全体を示す「三千里」が削除され、「この世界の美しいわが祖国」に書き替えられた。

祖国統一3大憲章記念塔。2001年に建てられ、2024年1月に撤去。

朝鮮労働党機関紙「労働新聞」のウェブサイトでは２０２３年以前の記事がすべて閲覧不能になった（国営「朝鮮中央通信」は２０２２年以前が一部を除いて閲覧不能）。公式説明はないが、統一に関する内容が過去の記事に大量に出てくるからだと思われる。

２０２４年10月、主体年号が何の説明もないまま突然、姿を消した。主体年号とは、金日成の生誕年を元年とする年号で、金日成の「三年の喪」が明けた１９９７年、金正日が使用を開始した。２０２４年は主体１１３年だった。

過去に遡って、金日成と金正恩を否定したいのだ。

「金日成ではなく自分を太陽と呼べ」

金日成の誕生日である4月15日は「太陽節」と呼ばれる。金日成こそが民族の太陽だという意味だ。さまざまな行事が数日間にわたって開催され、国中で金日成の誕生を祝う日だった。

北朝鮮の初代首領の金日成は、１９９４年に死去した。3年の喪が明けた１９９７年、業績をたたえるため、党中央委員会などの決定で誕生日が太陽節と名づけられた。平壌で毎年、文化やスポーツ行事、銅像への献花などが行われてきた。ちなみに、金正日の誕生日の2月16日は光明星節。金正日は明るい星とされているのだ。

ところが、２０２４年4月15日は「太陽節」という呼び名が消えた。「労働新聞」「朝鮮中央テレビ」などの公式媒体ではただ単に「4月の名節」「4・15」と呼ばれた（4月15日付「労働新聞」の2面で1回だけ太陽節という語が使われていた）。そして、その頃から金日成ではなく、金正恩を太陽と呼ぶようになった。やはり、金日成を否定する動きだ。

米国を拠点とする対北朝鮮ラジオ放送局の「自由アジア放送」は２０２４年5月24日、北朝鮮の鉄道駅などのスローガンで、４月初めから金正恩を太陽と呼びはじめたと伝えた。

同放送は、咸鏡北道穏城郡《ハムギョンブクトオンソングン》の鉄道駅、南陽《ナミャン》駅に掲げられているスローガンが4月初め頃に、「偉大な領導者金正恩同志万歳」から「主体朝鮮の太陽金正恩将軍万歳」に変わったと写真入りで報道した。金正恩が、金日成を太陽と呼ぶことを中止させ、自分を太陽と呼べと命じたのだ。

２０２４年4月16日の夜、例年であれば太陽節の祝賀行事が行われる日だが、金日成とはまったく関係のない華々しい行事が、金正恩が参加して平壌で開かれた。平壌の「和盛地区第2段階1万世帯分の住宅竣工式」だ。金正恩の肝いりで進められている、平壌に毎年1万戸ずつ高層マンションを作るという事業の２０２４年分の竣工式だ。

そこに金正恩以下、労働党、政府、軍の幹部と、建設にあたった労働者らが集まった。そのときの様子を「朝鮮中央通信」が次のように伝えた。

> 金正恩総書記が、竣工のテープカットを行った。愛する人民の福祉増進のために闘う朝鮮労働党の聖なる道程に不滅のシーンが広げられた竣工式場に「万歳！」の喚声がとどろき、歓喜の花火が打ち上げられ、ゴム風船が飛び立って和盛地区を美しく飾った。

その後、レーザー光線が夜空を飾るなか、野外コンサートが行われ、金正恩をたたえる新曲のミュージックビデオ「親近なオボイ」(下写真)が大型スクリーンで公開された。オボイとは父と母の両者を指す尊敬語だ。金正恩のことを人民にとって親しい両親のような存在だと宣伝している。

そのビデオのタイトル場面になんと太陽が背景に出てきた。金日成の誕生日を祝うべき日に、自分こそが太陽だというビデオを大々的に流したのだ。

歌えなくなった「統一の虹」

教育部門でも統一否定の作業が進んでいる。

脱北者人権活動家の金聖玟《キムソンミン》「自由北韓放送」代表が北内部の協力者から入手した内部情報を紹介しよう。2月1日から15日までに内閣の教育委員会(旧教育省)普通教育部で「教科書是正方針」が作成され、2月18日、金正恩の批准を受けた。

2月28日から3月1日まで道・市・郡(日本の県・市・郡にあたる)の教育部門従事者と学校長を集めて現場講習を実施し、教科書に含まれる統一関連内容の使用禁止、既存教科書の文章、写真、絵の削除、新しい教科書が編纂配布されるまで、教師の指導の下、該当部分に墨を塗ったり、貼り付けたりするよう命じた。

講習では、「なぜ教科書から統一内容が削除されるのかについて生徒たちの水準に合わせた教員た

ミュージックビデオ「親近なオボイ」

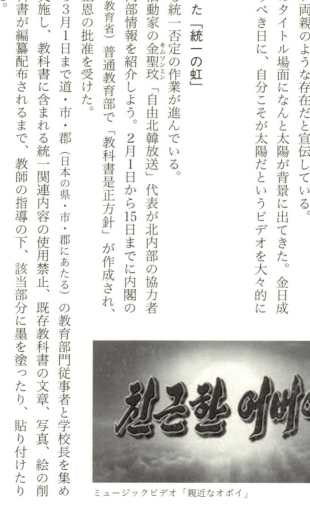

ちの説明が必要だ」とされ、「党の方針であること、大韓民国は統一の対象ではなく共和国の敵国であること」を強調せよと命じられたという。

北朝鮮では、幼稚園年長1年、小学校5年、初級中学3年、高級中学3年の12年の義務教育を実施している。

高級中学校の音楽教科書に出ていた「統一ムジゲ（虹）」も完全削除された。この歌は日本の朝鮮学校の生徒たちがコンサートなどで歌っていて、今でもその映像が動画サイトに残っている。

1番　リルリリヤ　リルリリ統一ムジゲ（虹）　白頭山頂　正日峰に　統一ムジゲ

嚮導星（金正日を指す）を歌おうと　きれいにかかったのか　白頭から漢拏《ハルラ》まで飾ったよ

リルリリ　リルリリヤ　統一ムジゲ　リルリリ　リリリ　リルリリヤ　統一ムジゲ　（傍線部分は共通）

2番　七千萬が一つになろうと　きれいにかかったのか　白頭から漢拏まで橋を架けたよ

3番　嚮導星を崇めようと　きれいにかかったのか　白頭から漢拏まで引っ張り伸ばしたよ

幼稚園の音楽で教えられ、小学1年の国語の教科書にも出てくる「コマ（ちびっ子）タンクが行く」という童謡がある。

1番　ちびタンクが行く、私たちのタンクが行く、山を越え川を渡って走って行く、米帝の奴ら

を打ち砕いて、万歳、万歳、共和国旗、たなびかせろ　万歳、万歳

2番　ちびタンクが行く、私たちのタンクが行く、飛びかかる米国の奴をひき倒して、南の地の友だちたちよ、万歳、万歳、大元帥様の胸に抱かれて、万歳、万歳

この童謡は最近の脱北者は誰でも歌える。ところが、「南の地の友だち」という歌詞のため完全に教科書から削除され、教えられなくなった。

墨塗りだらけの教科書

小学校1年国語の教科書の「統一のたこ上がれ」という子どもが書いた詩、同2年国語の「南の地の新しい伝説できたね」も完全に削除された。

地理の教科書では、墨塗り修正しなければならない内容が多い。例えば「わが国は3面を海に囲まれている」という表現があるが、これも「2面を海に囲まれている」と修正される。

2025年4月に始まる新学年に合わせて2月頃、新しい教科書が出るが、現場の教員たちは「教科書の原稿はできるかもしれないが、全国の生徒たちに配る教科書の印刷は不可能だろう」と話している。両江道《リャンガンド》教育部門の従事者は、「従来の教科書も不足しており、チャンマダン（市場）でぼろぼろの教科書を購入して使っている生徒たちが多いが、また新しい教科書だなんて無理だ、ゴミのようにボロボロの教科書を使って子どもたちを教えなければならないのが現状」と話していた。2025年3月上旬現在、新しい教科書が配付されたという情報はない。

朝鮮総連でも統一否定で大騒動

同じことが日本の北朝鮮支持団体である朝鮮総連（在日本朝鮮人総連合会）でも起きている。「産経新聞」が２０２４年６月26日に、「朝鮮学校に『南北統一』教育禁じる指示　総連内部文書　韓国との平和統一放棄で」というスクープを報道した。その記事の主要部分を引用する。

北朝鮮の金正恩朝鮮労働党総書記が韓国との平和統一の放棄を表明したことを受け、朝鮮学校に「自主統一」「一つの民族（ハンギョレ）」などの表現を使った指導を禁じる指示が出されていたことが26日、わかった。産経新聞が入手した在日本朝鮮人総連合会（朝鮮総連）の内部文書で判明した。朝鮮学校は「自主的平和統一」を掲げる総連の綱領を踏まえた教育を行ってきたため、本国の方針転換で混乱が生じているという。

朝鮮学校の指導に朝鮮総連の影響があることが明らかになったことで、補助金の支出を継続している一部の自治体は対応を求められそうだ。

金正恩は今年1月の最高人民会議の演説で、韓国を「徹頭徹尾、第1の敵対国」と呼び、南北統一の放棄を表明。朝鮮総連は、この動きを踏まえて「対韓政策路線転換方針の執行について」と題する内部文書を示した。

文書では、「傀儡（韓国）らを同族に誤認しうる学習資料、編集物はいっさい使わない」と明記。朝鮮学校の指導で、韓国側を意味する「南朝鮮」や、朝鮮半島全体を指す「三千里」、「自主・平和統一・民族大団結」といった表現も「いっさい使用しない」と指示した。

校歌も南北統一を思わせるような歌詞を歌わないように要求。書籍、旗、Tシャツなども含めて朝鮮半島全体が描かれた地図の使用も禁じた。

また、「既に発行された祖国統一関連の出版物は、そのままにしておくものの、教育と学習においてはいっさい使わず、今後再び出版・発行する際に全面修正する」とした。

私の手元に、「産経新聞」の言う内部文書「対韓政策路線転換方針の執行について」(以下、「対韓路線転換文書」)がある。それを私の解説付きで紹介しよう。

最初の段落で、統一を放棄し韓国を同族ではなく外国と見るという、金正恩の新しい方針について、「正確な認識と思想の転換が切実かつ最優先の課題」だと位置づけて、「肝に銘じる」「徹底的に学習する」ことを総連の活動家に求めている。それだけ内部の動揺が大きいのだ。しかし、この文書のどこにも、なぜ突然、統一を放棄したのかについての説明はない。ただ、金正恩が決めたから従えと言うばかりだ。

まず、各組織と団体、事業所のすべての活動家が党中央委員会第8期第9回全員会議[2023年12月26日から30日、金正恩が初めて統一を否定する演説を行った]、最高人民会議第14期第10回会議[2024年1月15日、金正恩が憲法から統一関連用語を削除せよと演説]、党中央委員会第8期第19回政治局拡大会議について深く勉強し、わが党と共和国政府の新しい対韓政策路線への転換に関する方針を肝に銘じる。

今、方針の転換に対する活動家らの正確な認識と思想の転換が切実かつ最優先の課題である。総連中央が出した「敬愛する金正恩元帥が新しく樹立なさった対韓政策路線転換の方針に関する学習参考資料」を専任活動家学習班で徹底的に学習する。

なお、ここで言及されている「敬愛する金正恩元帥が新しく樹立なさった対韓政策路線転換の方針に関する学習参考資料」はこの「対韓路線転換文書」と同じく非公開で、残念だが今のところ私も見ることができていない。

「対韓路線転換文書」は次に、これまで政治工作次元で積極的に進めてきた韓国の親北朝鮮的な政治家、知識人、運動家などとの交流を「いっさい行わない」と宣言した。

対韓政策路線転換の方針に基づき、各機関と団体、事業所では「同族関係としての北南朝鮮」「わが民族同士」「平和統一」などの象徴とみられる活動をけっして行わない。

つまり、大韓民国のいわゆる民主的な人物らとの事業、民族教育に理解を示してウリハッキョを支援しようとする団体や人物との関係を完全に遮断し、「祖国統一」「民族大団結」を志向する対韓政治宣伝事業をいっさい行わない。

これもこれまでの総連の活動を知る者からすると驚きだ。金正恩の方針転換のわずか４か月ほど前にあたる２０２３年９月１日、朝鮮総連は関東大震災で殺された朝鮮人を追悼する集会を東京で開催した。そこに韓国の野党国会議員で挺対協（挺身隊問題対策協議会）の元理事長、尹美香《ユンミヒャン》や現正義連（旧挺対協）理事長の李娜栄《イナヨン》がわざわざ韓国からやってきて出席した。

その日、別の会場で韓国を支持する民団が別の追悼会を開催し、在日韓国大使もそちらに出席していた。ところが、尹と李はそちらには出ずに総連が主催する追悼会にだけ出て、帰国後、韓国内で批判を浴びた。尹美香氏らは元慰安婦から資金提供を受けて、朝鮮総連が運営する朝鮮学校生徒らへの奨学金を出していた。彼女らこそがここで言われている「大韓民国のいわゆる民主的な人物」だ。しかし、これからは彼女らをはじめとする韓国の国会議員や運動家との交流を断つというのだ。内部の混乱は大きいはずだ。なお、尹美香氏ら韓国の従北勢力の反応については後述する。

「対韓路線転換文書」は次に、総連内のすべての文書で統一放棄路線と合致しない記事や表現をいっさい使うなと指示する。具体的に使ってはいけない単語を15もあげている。

各種文献や学習資料、情報誌をはじめとするすべての文書において、対韓政策路線転換の方針と合わない記事や表現はいっさい言及しないようにし、傀儡らを同族にみなしうる表現である「南朝鮮」「南半部」「北朝鮮」「北半部」「一つの民族（ハンギョレ）」「南側同胞」「統一」「自主統一」「平和統一」「民主統一」「わが民族同士」「民族大団結」「三千里」「錦繡江山」「三千里」「重複ママ」「八千万同胞」のような単語はいっさい使わない。

金日成と金正日の教えを否定

次の部分にはほんとうに驚いた。なんと、金日成と金正日の言葉の引用も止めよと指示しているからだ。

偉大なる首領の教示と敬愛する総秘書同志のお言葉を伝える又は引用する問題に関しては、偉大なる首領の教示と敬愛する総秘書同志のお言葉を伝える又は引用する際に傀儡らを同族にみなしうる表現を含んでいる文章は伝えない又は引用しない。

「偉大なる首領」は金日成を指す。「敬愛する総秘書同志」は金正日を指す。なお、「総秘書」は朝鮮語からの直訳で、日本語では通常「総書記」と訳されている（北朝鮮の公式メディアである「朝鮮中央通信」も総書記という訳語を使っている）。少しでも北朝鮮を知っている者ならみんな驚くしかない。

北朝鮮では憲法の上位に労働党規約がある。国家より党が上位にあるという共産主義国に共通するシステムだ。しかし、北朝鮮では党規約のさらに上位に、「10大原則」（党の唯一思想体系確立の10大原則）という文書がある。金正日が1974年に制定し、全人民が全文を暗記させられる。同じ時期から、全人民は、この「10大原則」を基準として1週間の生活を総括する「生活総和」という行事への参加も義務づけられた。「生活総和」は毎週土曜日、党員は細胞会議、非党員勤労者は職場単位、主婦や老人は人民班（20～40世帯がメンバー）が集まり、政治学習や自己批判と相互批判をし、その内容が党中央委員会の組織指導部に報告される。朝鮮総連内の秘密組織である「学習組」でも同じことが行われている。

2013年、金正恩がその「10大原則」を改訂した。そのとき「党の唯一的領導体系確立の10大原則」と改称した（なお、2021年に部分改定が行われたようだが、詳細が不明のためここでは2013年版を使う）。2013年改訂版のうち「10大原則」の項目だけを紹介する。条文の下に60の細目があり、56ページの冊子にまとめられている。

第1条　全社会を金日成・金正日主義化するために身をささげて闘争しなければならない。
第2条　偉大な金日成同志と金正日同志をわが党と人民の永遠の首領として、主体の太陽として高く奉じなければならない。
第3条　偉大な金日成同志と金正日同志の権威、党の権威を絶対化し決死擁護しなければならない。
第4条　偉大な金日成同志と金正日同志の革命思想とその具現である党の路線と政策で徹底的に武装しなければならない。
第5条　偉大な金日成同志と金正日同志の遺訓、党の路線と方針貫徹で無条件性の原則を徹底的に守らなければならない。
第6条　領導者を中心とする全党の思想意志的統一と革命的団結をあらゆる面から強化しなければならない。
第7条　偉大な金日成同志と金正日同志に倣《なら》い、高尚な精神道徳的風貌と革命的事業方法、人民的事業作風を備えなければならない。

第8条　党と首領が抱かせてくれた政治的生命を大切に刻み、党の信任と配慮に高い政治的自覚と事業実績で応えなければならない。

第9条　党の唯一的領導の下に全党、全国、全軍が一つとなって動く強い組織規律を打ち立てなければならない。

第10条　偉大な金日成同志が開拓なさり、金日成同志と金正日同志が導いてこられた主体革命偉業、先軍革命偉業を代を継いで最後まで継承・完成しなければならない。

10項目のうち7項目で「偉大な金日成同志と金正日同志」が出てくる。一方、金正恩の名前は一度も出てこないが、第6条の「領導者」は明らかに金正恩を指している。第5条では、「偉大な金日成同志と金正日同志の遺訓、党の路線と方針貫徹で無条件性の原則を徹底的に守るべきである。」とある。

第5条からすれば、「対韓路線転換文書」は「10大原則」に明らかに違反している。しかし、第6条に「領導者（金正恩）を中心とする全党の思想意志的統一と革命的団結をあらゆる面から強化すべきである」とあり、現在の領導者である金正恩に従えと命令されているから、それを守るためには「偉大な金日成同志と金正日同志」の過去の統一に関する教示やお言葉を引用しないという「対韓路線転換文書」の命令に従わざるを得ないという重大な矛盾がここにある。

第2条で金日成と金正日を「主体の太陽として高く奉じなければならない」とされているが、先に見たように、2024年4月に金正恩は金日成の誕生日を「太陽節」と呼ぶことをやめ、自分のことを「主体朝鮮の太陽」と呼ばせ始めた。これも「10大原則」の違反だ。

朝鮮学校の教科書に大幅修正

「対韓路線転換文書」の検討を進めよう。

総連と関係団体の印刷物でも統一放棄方針に反する単語や表現をすべて削除・修正せよと次のように命じている。

各本部と支部、団体、事業所、学校における各種の印刷物から、「自主・平和統一」「民族大団結」「わが民族同士」のように傀儡らを同族であると誤認しうる単語や表現が入っているフレーズ、標語、宣伝画、美術品のすべてを変える。

過去に祖国から送ってきた学習資料や編集物のうち、傀儡らを同族に誤認しうる学習資料、編集物はいっさい使わない。

既に発行された祖国統一関連の出版物（電子出版物を除く）は、そのままにしておくものの、教育と学習においてはいっさい使わず、今後再び出版・発行する際に全面修正する。

そして、先ほど紹介した北朝鮮本国と同じように教科書の大幅な墨塗り作業が命じられている。

各学校の教職員が教授教養事業を進めるにおいて「三千里錦繍江山」「八千万同胞」のように

北と南が同族であると誤認しうる単語や、「北半部」「自主・平和統一・民族大団結」のような表現、「同族関係としての北南朝鮮」「わが民族同士」「平和統一」などの象徴とみなしうる表現はいっさい使用しない。

高級〔高校〕１年生の国語教科書の「14　寝言でもない寝言」、高級３年生の国語教科書の「14祖国」などの傀儡作品と、初級〔小学校〕５年生の朝鮮地理教科書第９課の「南部地方」など傀儡地域を反映した内容や写真はすべて削除する。

国歌の歌詞の修正を命じ、朝鮮学校の歌詞も同じように修正せよと指示した。

「愛国歌」〔国歌〕の一番の歌詞は「三千里の美しいわが祖国」から「この世界の美しいわが祖国」に、「輝く祖国」〔第２の国歌と呼ばれる歌〕の２番の歌詞は「三千里錦繍江山、資源も溢れ」から「母なる祖国、資源も溢れ」に修正して普及する。

一部の文芸作品や歌詞にある「三千里錦繍江山」や「南側同胞」「白頭から済州島まで」など、大韓民国傀儡らを同族に誤認しうる歌詞はいっさい歌わない。

学校の校歌を含む。

朝鮮地図も使用禁止

朝鮮地図も使うなと命じている。これまで北朝鮮と総連が発行し使ってきた朝鮮地図では、半島全体が描かれている。半島全体が朝鮮民主主義人民共和国だという、従来の立場に従った結果だ。

また、白地の中央に青色の朝鮮半島地図を描いた旗を「統一旗」と呼んで、1991年に日本で行われた世界卓球大会から応援に使われてきた。総連ではこれまで繰り返しこの旗を使って南北統一チームあるいは北朝鮮チームへの応援活動をしてきた。その旗の使用も禁止した。

過去の、朝鮮地図が描かれている旗、帽子、Tシャツ、マークなどをいっさい使わないようにし、特にサッカー試合を応援する人たちからこのような状況が生じないように注意する。

そして過去に出版された朝鮮地図は使わない。

朝鮮学校では地理の時間に使うためにその地図があるはずだが、それが使えなくなった。各学年の地理の教科書の朝鮮地図は切り取られるか紙を貼り付けるかされた。

これはまさに墨塗り教科書だ。終戦直後の日本でも連合国軍総司令部（GHQ）の意向の下で行われたが、北朝鮮はみずから墨塗りを断行することで、韓国文化を排斥し、鎖国に踏み切ったといえる。

在日朝鮮人社会の混乱は避けようもない。朝鮮学校では、朝鮮戦争を米国の帝国主義から韓国を解放する民族解放戦争であると教えてきた。方針転換によって、その根幹が崩れ去った。これまでどおりの歴史教育は困難となるのではないだろうか。朝鮮総連を抜ける人も出てくるだろう。

本国からの指示で教科書が書き換えられ、授業内容が大きく変わってしまう。朝鮮学校で独自の民族教育が行われていたのではなく、政治教育が行われていたことを証明している。朝鮮学校に対する補助金支給が適切なのかどうか、自治体は再検討すべきだ。
最後に、総連が働きかけて作った日本国内の親北朝鮮団体についても、統一を意味する名前を改名するようにすると書いている。

対韓政策路線転換の方針に従い、さまざまな国と地域にある朝鮮統一支持委員会をすべて改名することと関連し、北と南を同族に見なしうる日本の親朝団体の名前を実情に合わせてすべて改名、整理するための対外事業を総連中央で進めているため、地方組織においては総連中央の当該部署と緊密に連携を取りながら推進する。
当面、以上の問題に対する厳格な原則を定めて執行する。

金正恩による統一放棄宣言に対して、これまで統一運動に邁進してきた総連の古い活動家らの動揺が広がっていると聞いた。

第2章　南への憧れで北朝鮮が内部崩壊

止まらない韓国への憧れ

なぜ、金正恩《キムジョンウン》は自分の権力の基盤である白頭《ペクトウ》の血統、建国の祖である祖父、金日成《キムイルソン》、そして世襲独裁体制を作り上げた父、金正日《キムジョンイル》を否定せざるを得ないのか。それをしないと自分の統治が維持できないと思っているからだ。

平壌はもちろん地方都市や農村でも韓国ドラマが大流行して韓国への憧れが広がっており、厳罰に処すと繰り返し取り締まっても、止めようがない。このまま放っておくと韓国への吸収統一への願望が極大化しかねないという恐れを金正恩が持ったことが理由なのだ。

元北朝鮮外交官で、前韓国与党国会議員である脱北者太永浩《テヨンホ》氏はこう語る。

今、北朝鮮のMZ世代（1980年代以降に生まれた若年層）は隠れて韓国ドラマと映画を見て韓国に憧れ、統一、すなわち韓国による吸収統一に対する期待を持っている。金正恩が憲法から民

族概念と統一を除去してそのような世代に「統一はない」と断念させようとしている。（「朝鮮日報」２０２４年1月18日）

北朝鮮を長く分析してきた韓基範《ハンキボム》元国家情報院第1次長もこう語る。

数十年間「わが民族・同胞」と言って「祖国統一」を語ってきたのに、ある日突然先代から継承してきた方針を覆せば逆作用が発生する可能性が高い。住民たちは「首領様はこの間同胞とおっしゃっていたのに……」とひそひそと話しているだろう。金正恩が「同族」「統一」概念を消せと話したのは、それだけ北朝鮮内部の住民たちの間で豊かな韓国に対する憧憬、韓国と統一することを期待する心理が拡散している証拠だ。（「朝鮮日報」２０２４年1月19日）

金暎浩《キムヨンホ》統一部長官もこう語っている。

北朝鮮は、平壌の「祖国統一３大憲章記念塔」を撤去した。金日成、金正日の業績を消し、これまでの統一政策を放棄するということだ。北朝鮮内部に理念的な空白と混乱をもたらす可能性が高い。世襲で移譲されたみずからの権力基盤を崩す結果につながることもあり得る。エリート層の間で混乱と亀裂が生じるだろう。

統一政策の変更に、在日本朝鮮人総連合会（朝鮮総連）も混乱しているという。朝鮮総連は、北朝鮮側に問い合わせているが、回答がない。韓国内の親北勢力も混乱している。

北朝鮮の（金日成が唱えた、一党独裁体制を正当化する）主体《チュチェ》思想を住民はもはや受け入れていないようだ。それを代替する別の何かが形成されているとみなければならない。

「韓流」もその一つだ。北朝鮮には「韓国ドラマを見たことがない人はいても、一度しか見ていない人はいない」という表現がある。一度見れば、誰もがはまるということだ。北朝鮮住民は、韓国が自由で豊かであり、主体思想に基づいた北朝鮮の宣伝が誤りだとわかっている。昨年、韓国にボートで逃れてきた家族は、韓国ドラマで脱北を決意したと述べた。腐敗と、子供の劣悪な教育環境も後押ししたということだ。（「読売新聞」２０２４年2月9日）

韓国ドラマの中の豊かさ

金暎浩長官のリーダーシップの下、統一省はこの間、秘密扱いにしてきた脱北者６３５１名の意識調査資料を公開した。それによると２０１６年から２０２０年に脱北した者のなんと83％が外国の映像をＵＳＢなどで見たと答えている。視聴した映像の72％が中国映画・ドラマで23％が韓国映画・ドラマだった。

２０２３年5月に黄海側で家族9人が、10月に日本海側で家族４人がそれぞれ漁船で直接韓国に亡命した。この2つのケースも、金暎浩長官が話したように、飢えや処罰を恐れてではなく、韓国ドラマを見て韓国に憧れたことが動機だった。

5月に9人で亡命したケースでは、韓国行きを企画したのは漁船３隻を所有して何人かの漁師を雇用していた資産家だった。家族が乗ってきた船（下写真）には1年分の食料が積まれていた。9人の構成は、船主である金イヒョク氏、その妻ユミ氏、長女5歳、長男3歳、金イヒョク氏の兄の金イルヒョク氏とその妻（妊娠5か月）、兄弟の母、ユミ氏の母と弟だった。

金イヒョク、ユミ夫妻が2024年6月23日、韓国テレビ、チャンネルA「イジェ・マンナロ・カムニダ」（今会いに行きます）に出演して、生放送で長いインタビューに応じた。また、兄イルヒョク氏は、2023年12月7日に英国BBCのインタビューに応じ、2024年8月11日には、弟夫婦が出演した番組「イジェ・マンナロ・カムニダ」にやはり生出演している。

彼らの住んでいたのは黄海側の港町海州《ヘジュ》で軍事境界線近くだった。そこではテレビのアンテナを室内で移動させると韓国のテレビを見ることができた。また、短波ラジオ受信機を入手し、脱北者が運営する「自由北韓放送」などを聞いてもいた。

金イヒョク氏は漁業経営者だったから、食べるのに困

9人が乗ってきた木造漁船。韓国国会情報委員会与党幹事の劉相凡（ユサンボン）議員室提供

るような状況ではなかった。彼は木造の漁船を人民武力部所属の戦勝貿易会社に登録して出漁許可を得た。同社が確保している漁場で操業することができ、捕れた魚やカニなどは一定量の上納が義務づけられるが、それ以外は自分で販売できた。高価で売れるカニなどが大量に捕れたので、最盛期には石油などの経費を除いて1日50ドルの収益があったという。漁船を3隻持ち、何人かの漁師を雇っていた。結婚式にはウエディングドレスなどを50万ウォンでレンタルし、夫婦でテニスを楽しんでいた。

韓国ドラマを毎日のように見て、韓国の生活の物質的豊かさと自由さを知って憧れを強め、北朝鮮の体制に対する不満を高めた。韓国行きを決断した契機は、2023年1月に北朝鮮のテレビで放映された新年慶祝公演で平壌の子どもたちが、地方に住む自分たちが買うことが困難な外国製と思われるきれいな服を着て歌ったり踊ったりしている姿を見て、なぜ、自分たちの子どもにはそのような服を着せてやることができないのかという強い不満を抱いたことだという。

公演で子どもたちが「この世にうらやむものはない」という、北朝鮮世襲独裁体制を称賛する歌を歌う場面になった。韓国の実情を知る以前ならそれが当たり前だと思ったが、そのときは配給もないなかで親たちは必死で稼いで子どもたちを育てているのに、その子どもたちに、親ではなく金正恩への感謝をさせる歌詞が納得できなかった。自分の娘がテレビ画面に合わせてその歌を歌うのを聞いて、思わず「歌うな」と叫んでしまった。

金イヒョク氏は、「人民共和国の政策は人民が裸で飢えていなければ維持できない、人民が良い暮らしをすれば政権の言うことを聞かなくなるからだ」と悟った。

金正恩が幼い娘を連れて行事に出てきて、その娘が後継者かもしれないという話が広がるのに接して、北朝鮮に絶望した。自分たちの時代はしかたがないとあきらめるが、子どもたちの時代になっても4代目の世襲政権が続くのかと思うと、もうこの社会には希望がないと考え、韓国行きを決意した。２０２３年の春には長女が幼稚園に入るが、入ってしまうと金正恩を崇拝する教育を受ける。だからその前に決行しようと、兄を誘い、その他の家族を一人ずつ説得して、２０２３年5月に自分の漁船に9人で乗って深夜に韓国に向かった。

脱北者の語る絶望

これまでの脱北者の多くは、飢えに苦しむか、政治犯として捕まってしまう危険が迫るなど、やむにやまれぬ事情があった。しかし、金イヒョク氏たちはそうではなく、韓国の豊かさと自由さを知って子どもの未来のために韓国行きを決意している。

兄の金イルヒョク氏もやはり同じ動機で韓国行きを決断した。彼はチャンマダン（市場）で中国製テレビなどを売る商売をしていたが、コロナ・パンデミック以降、中国との貿易が遮断されたので、開墾して作った自分の個人農場で人を雇ってトウモロコシなどを栽培し、それをチャンマダンで売って、かなり儲けていた。餓死者が出る状況の中でイルヒョク氏夫婦は肉を食べて暮らしていた。その彼が弟と一緒に韓国行きを選んだ理由も、体制への不満だった。彼もやはり、韓国のテレビを見て自由への憧れを内心抱いていた。

金イルヒョク氏は韓国当局の調査で、北朝鮮で見たドラマと知っている韓国タレントをあげよと言われ、48ページにわたって大量にドラマの名前を書いたので、担当者が「もうそれ以上はいい」と悲鳴をあげたと、テレビのインタビューで語っていた。

あるとき、彼の自宅に安全員（一般警察）がやってきて、「おまえの持ち物はすべて国家の所有だ。この空気もおまえのものだと思っているだろう。ちがうのだ、この野郎」と言って財産を没収した。それへの反発が強く生まれた。

金イルヒョク氏が北朝鮮体制に絶望した大きな契機は、親しい友人の自殺だった。その友人は愛情を感じなくなった妻と離婚し別の女性と結婚しようとしたところ当局は離婚を許さず、どうしても離婚したいなら、刑務所の一つである労働鍛錬隊に入るしかないと言われて絶望し自殺したという。

ここで、離婚して愛人と再婚したいと願った友人が、それが叶わないので自殺までしたということに注目したい。韓国文化の流入の結果、北朝鮮の若い層に自由な生活への憧れが拡散していることがわかるからだ。

金イルヒョク氏の韓国行きの一番大きな動機もやはり男女関係だった。彼は8歳下の協同農場の幼稚園の先生と熱愛した。しかし、彼女は農民「身分」であり、金イヒョク氏は労働者「身分」だった。

北朝鮮では農民として生まれると代々、農場で働かなければならない。それを「身分」と言っている。労働者である金イヒョク氏が農民である恋人と結婚すると農民に落とされる。そこで、賄賂を使って彼女を幼稚園から退職させ同棲生活を始めた。妊娠したことがわかったので、やはり賄賂を使って彼女を労働者に変えようとしたが、2022年、突然、農民の身分を変更した者は過去10年に遡り、もう一度農民に戻すという、金正恩の方針が下りた。

それで、渋る夫人を「子どもはこのままでは農民身分だ。大きくなってお母さんが反対したから韓国に行けなかったと嘆いたらどうする」と説得したという。自分が愛している女性と何が何でも一緒になりたいという欲求が強い。これも自由への憧れの反映だ。

北朝鮮社会の中で豊かな生活をしていた金イルヒョク氏はスマートフォンを所持していた。それを使って、最近の北朝鮮社会の姿を動画撮影していた。韓国に行くときこれを公開して、金正恩政権がいかに住民を苦しめているかを世界に知らせようと考えたのだ。

彼が公開した映像は、栄養失調でとても小さい6歳の子どもが、「両親が食べ物を得るために1か月前に家を出て、4歳の弟は餓死し、7歳の姉が近所の家で女中をして食べ物をもらってくる」と話す姿、道ばたで倒れて餓死を待つ中年男の姿、ボロボロの家に住む農民などだ。映像を持って韓国に行こうと考えること自体、これまでにはなかった現象だ。北朝鮮の人権侵害を批判する韓国のテレビ番組を多数視聴していたので、そのようなことを考えたのだろう。

自由を求めて海を渡る人々

2023年10月にも日本海側で木造漁船による韓国亡命があった。乗っていたのは20代の船主の姜《カン》エヒャン氏、彼女の母、叔母（母の妹）、知人男性の4人だ。以下は脱北女性の安《アン》ヘギョンが運営している動画サイト「安ヘギョンTV」による姜エヒャン氏インタビューから彼女の韓国行きストーリーを紹介する。

姜エヒャン氏は卓球国家選手になろうと平壌体育大学に進学したが、才能の限界を感じて2年で中退し、母の住む咸鏡南道《ハムギョンナムド》鏡城《キョンソン》郡で党幹部らを相手に卓球の個人コーチをしていた。母は鍼を使う民間医療で多額のカネを稼ぎ、平壌体育大学時代には娘に月に100万ウォンを送金していたという。鏡城は日本海に近いので、韓国のテレビの電波が届き視聴することができた。また、14歳の時からスマホを持ち、韓国ドラマを隠れて入手して見ていた。

彼女は独立心が強く、20代で、母から資金を出してもらい木造漁船を買った。潜水夫を雇い、海に潜って採った貝を売る商売をする船主となった。当初は経営がうまくいかず、安全員（一般警察）らに賄賂をたかられるなど苦労の連続だったが、持ち前の強い意志でそれらを克服した。

姜エヒャン氏は、脱北の動機について、「やりたいことをするなと言われることに我慢ができなくなった」と話した。具体的には、青年同盟の取り締まりグループに繰り返し「髪の毛から足の先まで不純だ」と叱責されたことが我慢できなかったのだ。ミニスカートをはいていたわけでもなくただ七分丈のパンツをはいていただけなのに、と彼女は憤慨する。そして、インタビューでこう語った。

私たち青年は自由が好きじゃないですか。行動一つ一つが監視されていると感じる。少しでも良い服を着ていると、なんでこんな服を着ているのかと叱責する。私が着たい自分の服を着たんじゃないか、あんたが買ってくれた服じゃないじゃないか。髪の毛のスタイルだって自分がやりたいようにしているだけだ。それを取り締まるから、とてもいやだった。なぜ私がこのような統制を受けて生きなければならないか。北朝鮮で生まれたことが罪なのか。14歳から韓国のドラマでいろいろなコンテンツに接してきて、韓国への憧れが大きかったことは事実だ。韓国に行かねばという考えはあったが、国境地域に住んでいなかったから実践できなかった。今、私は船を持っている。これで韓国に行こう。そう決心して、母と叔母を説得しました。

「自由が好きだ」と語ることが印象的だ。北朝鮮ではかなり裕福な生活をしていたが、韓国ドラマに接して自由を知ったため、北朝鮮体制で生きることに耐えられなくなって韓国行きを決意した。新しいタイプの若者たちが今、多数生まれている。ちなみに、北朝鮮では、「自由」あるいは「自由主義」という言葉は、組織の規律に従わない勝手な行動という悪い意味で使われてきた。

これまで、外交官らが外の世界に出て、同じ理由で韓国亡命を決断するケースは多かったが、北朝鮮に住んでいながらにして韓国の実情を知り、亡命を決断する者らが出てきた。北朝鮮社会で大変化が起きている。

反社会的な若者が急増

「自由北韓放送」の金聖玟《キムソンミン》代表が２０２２年７月に北朝鮮内部の協力者から入手した政治学習資料「反社会主義、非社会主義的行為を制圧消滅させるための闘争に一致協力して奮い立つことについて」には、そのことを裏づけるこんな内容が記されていた。

今、不純出版宣伝物にはまって傀儡［韓国のこと］の言い方を真似したり従ったりする現象は青少年の中に現れており、青少年の中で殺人、強盗、麻薬使用、性不良行為をはじめとする犯罪行為が少なくないようです。

その他にも不純出版物視聴、賭博、集団ケンカ、偽造貨幣の製造密売、高利貸し、密造酒、偽医薬品と偽商品製造、ヤミ医療、トラックを使うヤミ商売、離婚現象、事実婚生活など、反社会主義的・非社会主義的行為が社会生活のほぼすべての分野で多様なやりかたで愚かにも現れています。

過去、社会の何人かの住民の中で人々の目を避けて慎重になされた行為が、今は社会のどの部門、どの単位でも起こり得る慢性的な現象となっており、反党的・反国家的性格まで帯びていることから、深刻さと悪影響をさらに浮き彫りにしています。

ここからいろいろな事実がわかる。まず、国の未来を背負う青少年の間で未来に対する希望が失われ、犯罪行為や反社会的行為が蔓延していることだ。

犯罪行為として、殺人、強盗、麻薬使用、性不良行為があげられている。また、賭博、集団ケンカもあげられている。組織暴力団のような集団犯罪が青少年に広がっているのだ。また紙幣から薬、酒、商品などニセ物がつぎつぎに製造されていることもわかる。

「ヤミ医療」とは医者やニセ医者が自宅などで診療することを指す。北朝鮮では無償医療が建前なので、医者はみな国営病院に所属し、個人医は営業を認められていない。

トラックを使うヤミ商売とは、車販《チャパン》商売と呼ばれるもので、トラックをさまざまな方法で買ったり借りたりして、商品を積んで地方を回って高く転売することを指す。新型コロナウイルス事態の前には、脱北者が北朝鮮に住む家族にまとまったカネを送金して中古の中国トラックを1台買わせれば、一家が食べていけると言われていた。

離婚現象とは労働党の許可なく勝手に離婚してしまうことを指す。また、事実婚とはその反対に党の許可なく勝手に結婚してしまうことだ。先に見た、金イルヒョク氏の同棲生活もこれにあたるのだろう。

犯罪行為は韓国文化のせい？

この文献からわかる２つ目の事実は、韓国文化の浸透だ。

引用部分の冒頭に「今、不純出版宣伝物にはまって傀儡〔韓国のこと〕の言い方を真似したり従ったりする現象は青少年の中に現れており、青少年の中で殺人、強盗、麻薬使用、性不良行為をはじめとする犯罪行為が少なくない」とある。政治学習では、犯罪蔓延の理由を韓国文化の浸透のせいだと言っているのだ。

ここで「傀儡」の言い方の真似とされていることは、例えば恋人同士のお互いを呼ぶとき、従来は〇〇トンム、あるいは〇〇同志などと言っていたが、最近は韓国の若者のように女性が年長の恋人をオッパ（お兄さん）と呼んでいることなどを指す。それだけ韓国ドラマの影響が強いということだ。後述するように、韓国式の言葉を使うと処罰する法律まで作られた。

韓国文化の浸透については同じ文献に次のような記述があった。

昨年［２０２１年］、ある市では９０００人余りの高級中学生徒が安全機関を訪れ、不純録画物

［韓国ドラマなど］を見たとして自首し、３０００人余りの生徒がみずから不純物が入っている記憶器［ＵＳＢ］を自分が属している組織に提出しました。今年も新たに採択された反動思想文化排撃法についての解説を聞いた多くの高級中学校の生徒たちが青年同盟組織を訪れ、過去に自分たちが犯した過ちをみずから打ち明け、許しを受けました。

北朝鮮は幼稚園1年、小学校5年、初級中学校3年、高級中学校3年の12年が義務教育とされている。この文献に出てくる高級中学校は日本の高校にあたる。２０２１年の段階で、ある1つの市の高校生９０００人が韓国ドラマを見ていたと自首し、３０００人が韓国ドラマの入っているＵＳＢを持っていたのだ。

韓国に関する情報流入へ危機感を高めた金正恩政権は、それを取り締まるため、２０２０年12月に「反動思想文化排撃法」、２０２１年9月に「青年教養保障法」、２０２３年1月に「平壌文化語保護法」を制定した。

「反動思想文化排撃法」の全文を韓国で運営されている北朝鮮専門ニュースサイト「デイリーＮＫ」などが入手して公表した。「デイリーＮＫジャパン」の記事や韓国紙の報道によると、同法は4章41条から成り、第1章（1〜7条）反動思想文化排撃法の定義と目的など、第2章（8〜14条）反動思想文化の流入ルートの遮断義務、第3章（15〜26条）伝播メディアを列挙し、反動思想文化の視聴・流布行為を禁ずる内容、第4章（27〜40条）は違反者に与える処罰の内容が盛り込まれている。

第1章において、反動思想文化を「人民大衆の革命的思想意識、階級意識を麻痺させ、社会を変質・堕落させる傀儡［韓国］出版物をはじめとする敵対勢力の腐敗した思想文化と、われわれのものではないあらゆる不健全で異色的な思想文化」（2条）と定義し、「国家は、反動思想文化を流入、視聴、流布する行為を犯した者に対しては、いかなる階層の誰であれ、理由の如何にかかわらず、深刻さに応じて極刑に至るまでの厳しい法的制裁を加える」（7条）と厳罰を加えると明記した。

処罰内容を定めた第4章では、「敵対国の映画、録画物、編集物、書籍を流入させたり、流布した者は、５年以下の労働教化刑に処す。大量の敵対国の映画や録画物、編集物、書籍を流入、流布したり、多くの人に流布した場合、または集団的に視聴、閲覧するように組織したり、助長した場合は、無期労働教化刑または死刑に処す」（28条）、つまり大量に流入・流布させたり集団的に視聴、閲覧させた場合は最高死刑に処すると規定している。

この法律ができたので、高校生たちが韓国ドラマを見たと自首してきたのだ。

ここで「反動思想文化排撃法」が制定された２０２０年12月という時期を考えたい。韓国で北朝鮮に対して厳しい対応をするようになった尹錫悦政権が発足したのは２０２２年5月だ。つまり、北朝鮮が韓国文化の流入に悲鳴を上げて法律を作ったのは、北朝鮮に従属する「従北」の文在寅政権時代なのだ。２０１８年、金正恩は文在寅と3回、首脳会談を行った。同年４月には韓国のトップ歌手らが平壌でコンサートを開き、金正恩は夫人李雪柱《リソルジュ》を連れて出席した。

その様子が北朝鮮のテレビで放映され、北朝鮮住民らは、最高指導者が韓国の歌をコンサート会場で直接聞いたのだから、自分たちも韓国の歌やドラマに接しても処罰されないはずだと考え、その頃から、急速に韓国文化が北朝鮮全土に急拡散したという。それを知った金正恩は、文在寅との対話・

交流の結果、得たものよりも北朝鮮国内での打撃のほうが大きかったと結論づけて、２０２０年に入り韓国との関係を遮断する決断をしたという。

青年に課された16の禁忌

先に紹介した２０２３年５月に木造船で韓国に亡命した金イルヒョク氏の証言によると、反動思想文化排撃法ができた後、２０２１年には取り締まりグループができて「反社会主義行動」に対する厳しい弾圧が始まった。そのグループのことを金氏らは「蚊」と呼んでいたという。住民の血を吸うという意味だと、金氏は説明した。

韓国のドラマや歌を見たり聞いたりすること、それを広めることが発覚すると銃殺や収容所送りになった。２０２２年４月、彼の知人である22歳の男性が公開処刑される場面を強制的に見せられたという。その青年は韓国の歌70曲あまりと映画３編程度を聞いたり見たりし、友人らと共有したという理由で処刑された。

それでも足りなくて、若者たちが韓国への憧れを強めていることに危機感を持って、２０２１年９月に「青年教養保障法」が制定された（以下、韓国法務部「統一法制データベース」の条文を拙訳して使う）。

同法では「国家は社会生活のすべての領域で反動的な思想文化の侵襲から青年たちを保護し、青年たちの中で革命的で健全で文明的な生活気風を確立するための闘争を力強く繰り広げていくようにする」（４条）として、国全体で青年たちを韓国文化から守ることを宣言し、青年たちがしてはならないことが16項目定められた。法律を作らなければならないくらい、これらのことが青年に蔓延しているということだろう。

第41条（若者がしてはならない事項）

若者は次のようなことをしてはならない。

1　殺人、強盗、強姦をはじめとする強力犯罪行為
2　性不良行為、淫蕩な行為、売淫行為、賭博行為
3　宗教と迷信行為
4　不純出版物を流入、制作、複写、保管、流布、視聴する行為
5　麻薬を製造、密売、保管、使用する行為
6　窃盗、強盗、詐欺、横領行為をはじめとする国家および個人財産を略取する行為
7　殴打、暴行、集団暴行をはじめとする社会共同生活秩序を紊乱させる行為
8　自分たち同士でかたまったり、群れを作ったりする行為
9　家庭の事情と病気を口実にして軍事服務を拒否したり、軍事服務を行わない目的で早婚、身体検査と生活評定を不当に受けたり、自分の体に傷をつけたり、逃走することのように軍服務を忌避したり、誠実に参加しない行為
10　無職の遊び人になったり、組織生活から離脱して勝手に行動する行為
11　わが国の歌を歪曲して歌ったり、われわれ式でない踊りを踊ったりする行為
12　われわれ式でない異様な言葉で対話したり文章を書いたりする行為

13　離婚、早婚、事実婚生活をする行為
14　われわれ式でない異様な服装、身なりをして結婚式をあげて社会の健全な雰囲気を乱す行為
15　常識外れの行為を続けて、社会の安定と秩序確立を阻害する行為
16　それ以外に共和国法に抵触する行為

若者たちが組織生活を嫌い、自由を求めてさまざまな抵抗を試みていることがよくわかる。

言葉遣いまでが規制の対象

2023年1月には言葉遣いだけに絞った「平壌文化語保護法」が定められた。この法律も衝撃的な内容を含んでいた（以下、「デイリーNKジャパン」が公開した条文を使う）。

第1条（平壌文化語保護法の使命）
朝鮮民主主義人民共和国平壌文化語保護法は、傀儡の言葉を使う現象を根本的に無くし、非規範的な言語要素を排撃し、社会主義的言語生活の気風を確立し、平壌文化語を保護して積極的に生かしていくのに貢献する。

「傀儡の言葉」すなわち、韓国式の言葉遣いが北朝鮮で使われていることを公然と認め、それを排撃することが法律の使命だと明記している。

そして、第7条から第16条までを「第2章 第1節 傀儡の言葉の流布原点の遮断」としてまとめ、韓国語の流入経路について、「国境」、「空中からのビラ」、「河川と海」（ペットボトル）、「わが国に滞在し常駐している外国人または海外同胞」、（在日朝鮮人など）、「北朝鮮からの海外出張」、「電子、電波設備」、（ラジオやテレビ）、「インターネット利用」、「傀儡の出版宣伝物、傀儡の放送の視聴、流布」、「コンピュータ、携帯電話機をはじめとする電子媒体による録画物と放送を密かに視聴」と具体的に書いて、遮断せよと命じている。これらのルートで韓国の文化と言葉が雪崩のように入っているのだ。

第9条では、韓国から送られてくるビラから韓国の言葉が流入していることを認めて、それを遮断せよとこう記している。

「空中監視および捜索を強化し傀儡たちが送ってくるビラと汚い物件をみなみつけてその取扱処理をただちに行い敵地物を通じた傀儡の言葉の流入を遮断しなければならない」

第10条では河川や海から入ってくるものを遮断せよとして、こう記している。

「国境と前線、海岸地域の河川、海に対する監視を強化して傀儡の言葉または傀儡の書体で表記された汚物を適時に拾い集め、焼却し、埋める処理をして汚物を通じた傀儡の言葉の流入を遮断しなければならない」

第14条では電波によって入ってくる韓国の情報を遮断せよとしてこう記している。

「国家電波監督機関と中央情報産業指導機関、該当機関は電子、電波設備に対する監督統制を強化しそれを通じた傀儡の言葉の流入を遮断しなければならない」

ここで言われている電波は短波や中波のラジオのことだろう。

第16条では「傀儡放送」の視聴などが禁止された。

「傀儡出版物と傀儡放送を視聴したり流布する行為をしてはならない」

第14条の「電波」がラジオと見るなら、ここで言われている「傀儡放送」は韓国のテレビのことと思われる。先に見た家族9人で韓国に来た金イヒョク氏は韓国テレビを観ていたと証言している。

第17条ではコンピュータと携帯電話などで韓国のドラマを観ることを禁止している。

「コンピュータと携帯電話をはじめとする電子媒体に対する検閲を随時進めて群衆申告を整然と立てて傀儡録画物と傀儡放送を密かに視聴する現象をすべて追跡、摘発しなければならない」

脱北者人権活動家たちは、空中から風船ビラ、海からペットボトル、そして北朝鮮に入ることができる中国人商人などを通じて、韓国ドラマやニュースなどを入力したUSBやSDカードを大量に北朝鮮内部に持ち込んだ。一方、北朝鮮ではインターネットには接続できないが学習用等に使うコンピュータとスマートフォンが相当台数普及している。それを使って韓国ドラマを観る者が急増している。

「韓国統一部」が2023年9月5日に発表した、2011年以降の脱北者3415人を対象に行った聞き取り調査によると、パソコンの普及率は平壌58・3%、国境地域16・4%、非国境地域16・9%、携帯電話普及率は平壌71・2%、国境地域は31・1%、非国境地域は36・0%だった。

不適切な言葉遣いだけで死刑も

「平壌文化語保護法」第19条では、具体的にどのような韓国式表現が北朝鮮に広がっているのかを条文に明記している。「公民は、血縁関係ではない青春男女の間で《オッパ》と呼んだり、職務の後に

《ニム》を付けて呼んだりするように、傀儡式の呼び方を真似る行為をしてはならない。少年団時代までは《オッパ》という呼び名を使うことができるが、青年同盟員になってからは《ドンジ》《ドンム》という呼び言葉だけを使わなければならない」

先にも書いたが、韓国では最近若者を中心に恋人同士や結婚後の若いカップルの間で、女性が男性を「オッパ（お兄さん）」と呼ぶことが大流行している。北朝鮮では従来は、小学校低学年までの少年団時代は年上男性に対して女の子が「オッパ（お兄さん）」と呼ぶことはあっても、年齢がそれ以上になったらそのような呼び方はせず、「ドンジ（同志）」か「ドンム（同務）」と呼んでいた。

また、韓国では「ニム（さま）」という敬称を職責などの後につけることが礼儀とされている。例えば国会議員には「議員ニム」、大学の先生には「教授ニム」、新聞記者には「記者ニム」、タクシー運転手に「技師ニム」と言う。北朝鮮では「ニム」は使わず、「ドンジ（同志）」をつけていた。「最高人民会議代議員（国会議員）同志」、「教授同志」、「記者同志」、「技師同志」と呼んでいた。ところが、朝方まで韓国ドラマを見ている北朝鮮の若者は、自然と韓国式の呼び方が口に出てきてしまう。

それにしても法律にここまで具体的に書くとは、どれだけ「オッパ」や「ニム」という韓国式言い方が北朝鮮で流行しているかがわかる。

同法では、韓国式の言い方を使ったりそれを流布させたりしたら最高刑として死刑という厳罰規定があった。

第58条（傀儡の言葉使用罪）

傀儡の言葉で話したり文字を書いたり、傀儡の言葉または傀儡の書体で表記された印刷物、録画物、編集物、絵、写真、掛軸のようなものを作った者は、6年以上の労働教化刑に処する。情状が重い場合には、無期労働教化刑または死刑に処する。

第59条（傀儡の言葉流布罪）

傀儡の言葉を他人に教えたり、傀儡の言葉または傀儡の書体で表記された印刷物、録画物、編集物、絵、写真、掛軸のようなものを他人に流布させたりした者は、10年以上の労働教化刑に処する。情状が重い場合には、無期労働教化刑または死刑に処する。

人権活動家が流すペットボトル

最近、言葉遣い検査が頻繁に行われるので、大学生らが無意識に使ってしまう韓国式の言葉遣いを矯正しようと北朝鮮の標準語練習を隠れてしていると聞いた。

ここで強調したいことは、ラジオ、風船ビラ、ペットボトル、USBやSDカードなどを北朝鮮に送って外部の情報を伝える活動を行ってきたのは、韓国政府や軍ではなく、民間の勇気ある脱北者人権活動家たちだったという事実だ。また、韓国に住む3万4000人余の脱北者が貧しいなか北朝鮮の家族に送金した結果、北朝鮮では脱北者の家族への憧れが高まり、若い女性は労働党党員より脱北者家庭の男性と結婚したいと願うようになったという。脱北者の必死の活動がついに北朝鮮を大きく変えた。

「自由北韓放送」代表の金聖玟氏が先に紹介した金イヒョク氏から直接聞いた話を書いておく。

金聖玟氏らが北朝鮮に流した、コメと聖書、ビラ、USBが入ったペットボトル。

金聖玟氏ら脱北者人権活動家は、黄海側の北朝鮮に近い島からペットボトルにコメや韓国ドラマが入ったＵＳＢなどを入れて、潮の流れが北朝鮮に向くときに大量に流してきた〔上写真〕。金イヒョク氏にその話をして、サンプルのペットボトルを見せたところ、彼は驚き感動して、「魚やカニを捕りに漁船で海に出てこのペットボトルを拾い、中に入っていたコメを食べ、韓国ドラマなどが入っているＵＳＢやＳＤカードと聖書などを持ち帰った。送ってくださって感謝する」と語ったという。

金聖玟氏ら脱北者人権活動家の戦いを振り返ろう。

韓国政府は金大中《キムデジュン》政権時代に、軍と情報機関が行ってきた対北朝鮮心理戦を中断した。２０００年6月に金大中大統領が訪朝して金正日と会談し、その後の閣僚級会談で「相互誹謗放送中止」を合意した。韓国は対北朝鮮ラジオや休戦ラインの拡声器放送、ビラ送付をやめてしまう。一方、北朝鮮は韓国への政治工作を継続した。

２００２年、対北朝鮮心理戦ラジオで原稿を書いていた脱北者に、「相互誹謗が中止になった。今後は金正日に必ず国務委員長という敬称をつけろ」という指示が下った。それに反発した金聖玟氏ら脱北者有志が早朝の新聞配達などをしながら資金を集め、2004年に最初の脱北者による民間対北朝鮮短波ラジオ局「自由北韓放送」を開局した。

開局当時、北朝鮮を支持する韓国の左派勢力が激しい妨害を加えてきた。そのときの様子を金聖玟氏は、2024年10月7日に東京で行った講演で、こう回想している。

当時の北朝鮮の金正日が、「祖国を裏切った脱北者たちが南朝鮮に行って、わが党を誹謗する放送局を作っている。絶対許せない。爆破してしまえ。地球の果てまで追いかけて金聖玟を殺せ」という指示を出したと、韓国の「世界日報」が報道しました。

そして私たちの放送局には、小包で赤い血の色のペンキを塗り果物ナイフを刺した人形が送られてきたり、あるいは別の小包を開けてみたら、死んだねずみの死骸が6匹出てきたり、そのような脅迫を受けました。

韓国内の左派勢力が毎日のように放送局の前に来て、抗議デモをやり、集会をやり、そして脅迫をしてきました。当時2000万ウォンかけてスタジオを作ったのですが、そこから大家さんに追い出され、地下室に引っ越しました。

「わが民族同士」「救国戦線」など北朝鮮の対南宣伝媒体も放送中断を要求する文書を発表し、露骨にテロを煽動し、1日10回以上の脅迫電話、ファクス、電子メール攻撃が行われたこともありました。

放送局にかかってきた電話では、北朝鮮保衛部の職員を名乗る者が「北朝鮮に残った家族のために熟考しなさい」と脅し、ファクスでは「(韓国で暮らす金聖玟代表の）娘の将来を考えてみろ」という脅迫メッセージが送られ、「背信者たちよ、統一を阻害する放送をただちに中断せよ」というEメールが1日数十通送られてきました。職員のうち何人かが放送局を離れました。

ほんとうにこんな環境の中で放送をしなければならないのかと悩んでいたある日、ふとこんな考えが浮かんだのです。金正日がいやがり、そのため韓国の親北朝鮮左派団体が反対する「自由北韓放送」はたしかに価値がある、一握りにもならない金正日の手先たちが反対したため放送を中断するなら、脱北の意味も北朝鮮の民主化もない、だからやらなければならないのだ、と。そして、金正日が爆破するなら、爆破された「自由北韓放送」が北朝鮮民主化の導火線になってやると決意を新たにしました。

ちょうどそのとき、地下室に移転した「自由北韓放送」に、「北朝鮮に拉致された日本人を救出するための全国協議会」の西岡副会長が訪問して連帯を提言しました。このようにして「自由北韓放送」と日本人拉致問題解決のために活動する皆さんとの国際的連帯が結成され、日本人拉致問題解決のための「自由北韓放送」の活動が始まりました。

それから20年間、私は「自由北韓放送」で毎週10分から15分の「西岡教授の拉致の話」という番組を担当している。

金聖玟氏は２０２４年７月、この間の北朝鮮人権運動の功績が認められて、韓国政府から国民勲章

「冬柏章《トンベク》」を授与された〔下写真〕。

風船にゴミをつけて南へ

風船ビラにまつわる話も書いておく。２０２４年5月10日、脱北者人権活動家が風船20個にビラ30万枚、韓国ドラマや歌謡が入ったＵＳＢ２０００個を北朝鮮に向けて飛ばした。風向きが良く、そのビラは平壌やその近くまで届いた。

南浦《ナムポ》市の労働党舎の屋根にも大量のビラが撒かれたらしい。ビラの内容は金正恩の母が在日朝鮮人踊り子出身で、その父親は日本統治時代に日本軍に協力していたことなどが含まれていた。北朝鮮当局はいまだに金正恩の母親について触れることを禁止しており、そのことに触れたビラが大量に撒かれたことに、金正恩、金与正《キムヨジョン》は激怒した。

北朝鮮は脱北者のビラを「汚物」と呼んでいるので、ほんとうの汚物を送るとして、動物の糞やたばこの吸い殻などが混じったゴミを風船につけて南に送ってきた。本来なら韓国民に北朝鮮の体制の素晴らしさを伝えるビラを送るべきだが、豊かになった韓国にもはやそのような心理戦は通じないと北朝鮮当局もわかっているので、ゴミを送るという常識外れの行動に出たのだ。ここでも金正恩政権は体制間競争における敗北を認めている。

韓国からのビラ送付は対北朝鮮心理戦の一環として韓国軍が１９６０年代から継続して行っていた。

2024年7月14日、第1回「北韓離脱住民の日」記念式で勲章を受けた後、尹錫悦大統領と記念撮影に臨んだ金聖玟代表。

南北の経済水準が70年代前半に逆転した後、パンティーストッキング、たばこ、簡易ライター、ボールペンなどを一緒に送り、韓国の豊かさを北朝鮮住民に知らせるという点で大きな成果があった。

北朝鮮も韓国に体制の優越性を宣伝するためビラを送っていた。私も70年代後半から80年代初め、ソウルで北朝鮮のビラを拾ったことがある。平壌市内の風景のカラー写真が掲載され、主体思想によって人民が幸せに暮らしているなどという政治宣伝が書かれていたことを憶えている。

１９９０年代になると、南北の経済格差は隠しきれないほど大きくなり、心理戦で北朝鮮は守勢に立たされた。そこで、２０００年の南北首脳会談で金正日が金大中に相互批判の停止という美名の下、対北朝鮮ビラ停止を求め、金大中政権がそれを受け入れて停止してしまった。その後の保守政権下でもビラ送付は再開されず、現在に至っている。

そこで立ち上がったのが脱北者人権活動家や韓国の保守団体だ。北朝鮮が軍事挑発をするなら、われわれは北朝鮮住民に愛の手紙を送って真実を知らせようと、自分たちで資金を集めてビラ送付を始めた。私も２０１０年に、脱北者活動家や韓国保守団体とともに休戦ライン近くまで行って、日本人拉致被害者救出への協力などを求めるビラを飛ばしたことがある〔下写真〕。

2010年6月23日、南北休戦ライン近くの白馬高地で韓国保守団体「国民行動本部」が風船ビラ送りを行った。日本の北朝鮮人権団体の代表として著者も参加した。

文在寅《ムンジェイン》政権になり、脱北者が送ったビラに激怒した金与正が文在寅政権に強く抗議すると、何と文在寅政権と当時の与党「共に民主党」は２０２０年12月にビラ送付を禁止する法を制定してしまった。

その後も、一部の脱北者団体は真実を伝えることは罪ではないという信念でビラ送付を続けた。そして、尹錫悦《ユンソンニョル》政権下の２０２３年９月、憲法裁判所がビラ送付を禁止した法の規定は「表現の自由を過度に制限する」として違憲との判断を下した。

風向きの関係で春と秋にしか対北朝鮮ビラが送れないので、今回、春になりいくつかの脱北者団体が堂々とビラを送付した。それに激怒した北朝鮮がゴミを風船につけて南に飛ばしてきたという流れだ。

ここまで、韓国の豊かさと自由さについて大多数の北朝鮮住民が知ってしまい、北朝鮮で韓国への憧れが拡散していること、そして、それを恐れた金正恩政権が金日成と金正日を否定してまで韓国との統一を放棄せざるを得ないところに追い込まれたことを書いてきた。最後に強調するが、韓国の真実を北朝鮮に伝えたのは韓国政府や軍ではなく、金聖玟氏ら勇気ある脱北者人権活動家だった。故郷の同胞を何とか助けたいという信念で活動してきた脱北者人権活動からは大きな仕事をしたと言える。

これからは、韓国政府と韓国国民が、自国民である北朝鮮住民を独裁統治から助け出すために韓国の国是である自由統一を実現するべき段階だ。朝鮮半島の現代史、南北対決は最終段階に入った。

ところがその韓国で大統領が陰謀論を信じて戒厳宣布をして失敗し、逮捕されるという騒動が起きた。自由統一の主体になるべき韓国が大混乱に陥っている。第４章以降でそれを書く。

第３章　通常兵力でも韓国軍にかなわない、核戦略の大変化

終焉を迎える世襲政権

「先代の首領たちのせいでこの国がこんなにひどくなった。俺たちの責任ではない」。２０２４年春頃、金正恩《キムジョンウン》が実妹であり事実上の権力ナンバー２である金与正《キムヨジョン》に吐露した言葉だという。北朝鮮につながる筋から私が確認した。

たしかに、北朝鮮は今ひどい状況だ。本書でここまで書いてきたように、そのひどさの本質は至上目標であった韓国併呑をあきらめざるを得なくなったことにある。その意味で北朝鮮は建国以来最大の体制危機に直面している。

本章ではそのことを、北朝鮮の核戦略という側面から議論する。結論を先に書くと、朝鮮戦争で武力による韓国併呑《へいどん》に失敗した金日成《キムイルソン》は、①米国本土まで届く核ミサイルを持って米軍の参戦を防ぎ、②韓国内に労働党の指導の下で動く従北勢力を多数作り上げて反米活動をさせ、戦争勃発時に武装蜂起をさせること、この２つを戦略目標にして全力を尽くしてきた。金日成と金正日《キムジョンイル》もその２つのため

に乏しい外貨を最優先で投入して、今、それが2つともほぼ実現した。

ところが、金日成が立てた対南併呑戦略、金正日が300万人の人民を餓死させながらも推進し、金正恩に継承させた対南併呑戦略が、韓国のめざましい経済発展とそれに支えられた国防力強化のために無効化してしまった。時代遅れになったのだ。金正恩がそのことに気づき、激しく動揺し、当初の核戦略にはなかった半島内で核爆弾を実際に使う戦術核攻撃訓練を始めた。いよいよ、北朝鮮の3代世襲政権が追い込まれ、生き残るための核戦略の大転換を行ったのだ。

核攻撃の照準は在日米軍

まず、従来の北朝鮮の核戦略から論じよう。北朝鮮の3代世襲独裁政権が核ミサイル開発を続けてきた理由は何かという基本命題から考えたい。

彼らの核戦略について、私は30年以上、論争してきた。1990年代初め、北朝鮮の核開発が国際社会の争点となったとき、日米韓の多くの専門家や情報関係者は、外交交渉のカードとして開発しているふりをしている、実際は核武装を目指していないなどと主張した。

いわく、合理的に考えれば核武装を強行するより中国型の改革開放政策をとるしかない、米国の強大な核戦力に対抗できるはずがない、最貧国の北朝鮮に核ミサイルを実戦化する資金も技術もない、米国の偵察衛星に見えるように施設を建設しているだけだ、などの議論が主流だった。

ある著名な日本の国際政治学者は、1998年に北朝鮮が日本を飛び越える「テポドン1」ミサイルの発射実験を行ったとき、「米朝交渉、日朝交渉絡みの脅しだが、裏には日本や米国に『助けてくれ』という求愛がある。それを、こうした方法でしか表現できないところが北朝鮮らしさ」などとコメントした（「東京新聞」1998年9月1日）。

2000年代に入り、北朝鮮が核開発凍結を約束したジュネーブ合意を破って濃縮ウラニウム爆弾開発を秘密で続けていたことが明らかになり、また2006年、2009年と核実験が続くなか、さすがに北朝鮮の核ミサイル開発が「交渉のためのダミー」という説はほとんど姿を消した。だが、その後も「北朝鮮の核は自衛のため、体制を維持するためだ。彼らが追い込まれて生き残るために開発したもので実際に使う危険は小さい」などという議論が多かった。

一方で、北朝鮮は同族である韓国には核を使わないから、北朝鮮の核の標的は日本であるという議論も出てきた。彼らが核の小型化に成功し、日本全土を射程に入れた核ミサイルを実戦配備すれば、日本は彼らの脅迫に応じざるを得ないとの危機感だった。

たしかに、北朝鮮は核ミサイル開発を外交カードとして使い、それによって経済支援を得てきたし、体制擁護のためや日本を脅すためにも使うだろうが、それはあくまでも二義的三義的である。私は北朝鮮の核武装の一義的な目標は韓国を併呑するための奇襲南進戦争で、在日と米本土の米軍の介入を防ぐための脅し用だと主張し続けてきた。

今でもはっきり覚えているが、1998年、北朝鮮が「テポドン1」を発射したとき、私は当時韓国の空軍大学教授だった李チョルス氏に会いに行った。彼は1996年、ミグ19に乗って韓国に亡命した元北朝鮮人民軍のパイロットだ。私は李元大尉に北朝鮮軍の戦略の中で米本土まで届く核ミサイルはどのような位置づけをされているのかと質問した。

すると彼は、私の顔をじろじろと見つめながら、「あなたはほんとうに北朝鮮問題の専門家ですか。なぜ、このような基礎的なことを尋ねるのですか」と言い、次のように語った。

「自分たち北朝鮮軍人は士官学校に入ったときから現在まで、ずっと同じ戦略を教わってきた。1950年に始まった第1次朝鮮戦争で勝てなかったのは在日米軍基地のせいだ。あのとき、奇襲攻撃は成功したが、在日米軍基地からの空爆と武器弾薬の補給、米軍精鋭部隊の派兵などのために半島全域の占領ができなかった。

第2次朝鮮戦争に勝って半島全体を併呑するためには、米本土から援軍が来るまで、1週間程度、韓国内の韓国軍と米軍の基地だけでなく、在日米軍基地を使用不可能にすることが肝要だ。そのために、日本に届くミサイルを実戦配備し、人民軍偵察局や党の工作員による在韓および在日米軍基地テロ攻撃も準備している。米本土に届く核ミサイルはこの戦略の中で米軍介入を防ぐ脅迫に使うために開発している」

彼はすでに1992年、金正日が命じて北朝鮮人民軍は対南奇襲作戦計画を完成させていると話した。

金正日の奇襲南進作戦

李元大尉の亡命の翌年、1997年に労働党幹部の黄長燁《ファンジャンヨプ》氏が亡命した。彼がその作戦計画について次のように詳しく証言している。

1991年12月に最高司令官となった金正日は、人民軍作戦組に1週間で韓国を占領する奇襲南侵作戦を立てよと命じ、翌92年にそれが完成した。

作戦の中身は、概略以下のとおりだ。1997年に韓国国家情報院のホームページに掲載された黄長燁証言を翻訳した。


北朝鮮の戦略は、戦略的軍事施設に対する特殊部隊の襲撃に続く機動兵力の攻勢によって、半島の南半分全体を占領するという、ローラー作戦と電撃戦の結合である。北は、南朝鮮の政治的混乱が、最良の機会への窓口と見ている。北は地下スパイ網を通じて南の騒動を扇動しようと努めるだろうし、その騒動が米軍を大規模に他地域に移動せざるを得ないような国際的事件と結びついたら、攻撃に出る。

韓国軍服を着た特殊部隊による「北侵」をでっち上げた後に、攻撃を開始するつもりだ。

北朝鮮の各特殊部隊は、南朝鮮の特殊ターゲット（通常はミサイル基地や飛行場などの戦力目標）を割り当てられてきた。これらの部隊は、担当目標へパラシュートかホバークラフトで送り出されることになる。

砲兵隊の砲撃で、5～6分以内にソウルを壊滅させ、その後に非武装地帯の全面にわたる総攻撃を敢行して、米太平洋軍の増派以前に釜山および全半島を占領してしまう。米国の干渉については、東京を含む日本の諸都市に対するミサイル攻撃の脅威に直面して、北の占領が完了するまで米軍の派兵は阻止される。

米国軍艦に対する「神風」ないし「回天」スタイルの攻撃開始も準備された。北朝鮮は、米主力艦を自殺攻撃によって乗組員もろとも沈めたならば、米国内の反戦デモに火がつくと信じている。

米国は、北朝鮮のさらなる挑戦、すなわち日本の諸都市を長距離ミサイルで攻撃する形の脅威にも巻き込もうとする挑戦に直面するだろう。

金正日は作戦実行を金日成に提案したが、経済再建が先だと斥《しりぞ》けられた。当時まだ核ミサイルが完成していなかったことも金日成を躊躇させた理由の一つと考えられる。

休戦直後に始まった核開発

金日成は、朝鮮戦争が休戦した直後から核開発に着手した。次の戦争を起こすときには、米本土まで届く核ミサイルを持って米軍の介入を阻止しなければならないと、そのときから考えていたはずだ。

1956年にソ連と核技術協定を結び、ソ連に技術者や科学者を派遣し、核技術を習得した。1965年にはソ連の支援を受けて研究用軽水炉を稼働させた。

その後、1979年に平安北道《ピョンアンプクト》の寧辺《ニョンビョン》にて北朝鮮単独で5000キロワットの黒鉛減速炉の建設を開始し、1986年に運転を開始した。

この5000キロワットの黒鉛減速炉は、実験用としては大きすぎ、発電用としては小さく送電線も付いていない。この大きさは核爆弾に使うプルトニウムを生産するのにちょうど適している。米ソがまだ激しく対立する冷戦時代の1979年に、北朝鮮は原爆用のプルトニウムを生産するための原子炉を独自の技術で建設し始め、１９８６年に臨界させている。冷戦が終わって中ソの後ろ盾がなくなり自衛のために核武装を考えたという一部の専門家らの主張の間違いがこの歴史的経緯からわかる。

金日成は１９６８年11月、科学院咸興《ハムフン》分院開発チーム（核ミサイル開発を担当していたと推定されている）との談話で、次のような秘密指令を下している。

南朝鮮から米国のやつらを追い出さなければならない。われわれはいつか米国ともう一度必ず戦うべきだという覚悟で戦争準備をすべきだ。なにより急ぐべきことは米国本土を攻撃できる手段を持つことだ、……米国が砲弾の洗礼を受けたらどうなるか。米国内には反戦運動が起きるだろうし、第三世界諸国の反米運動が加勢することになれば、結局、米国は南朝鮮から手を引かざるを得なくなる。だから同志は一日も早く、核兵器と長距離ミサイルを自力生産できるように積極的に開発すべきである。（金東赫著・久保田るり子編訳『金日成の秘密教示』産経新聞ニュースサービス、２００４年）

また、１９７０年代、工作員を集めて、「祖国統一問題は米国との戦いである。米国は二度の世界戦争に参戦しながら、一発も本土攻撃を受けていない。もし、われわれが一発でも撃ち込めば、彼らは慌てふためいて手をあげるに決まっている」と教示している（同書）。国民の被害に弱い民主国家の弱点を突こうという一種のテロ戦略だ。

自衛のためではなく第２次朝鮮戦争で使って韓国を赤化併呑するために核ミサイル開発を進めてき

たのだ。

ウクライナ侵攻で得た教訓

金正恩時代になっても米本土まで届く核ミサイル開発は続いた。北朝鮮は２０２３年2月18日に大陸間弾道ミサイル（ＩＣＢＭ）「火星15」を発射し、「人民軍ミサイル総局大陸間弾道ミサイル運用部隊の発射演習」と発表した。

北朝鮮のミサイル発射は、開発段階では国防科学院による「試験発射」「試射」とされる。完成すると人民軍に納品されて実戦配備され、人民軍ミサイル総局による「発射訓練」とされる。ちなみに前年11月の「火星17」発射は「国防科学院の試射」とされていた。

２０２３年2月には「ミサイル総局運用部隊の発射演習」とされたので、「火星15」はすでに実戦配備されている。「火星15」は射程距離1万３０００キロメートルで、東海岸を含む米国全土を射程に収めた弾道ミサイルだ。つまり、米本土全域に届く核ミサイルはすでに完成し実戦配備されている。核弾頭の大気圏再突入技術が完成しているかどうかは不明という見方が日米の軍関係者にあるが、実戦配備されたという事実は重い。

ところが、金正恩を当惑させる重大事が起きた。２０２２年2月にロシアが始めたウクライナへの侵略戦争の結果を見て、金正恩は、金日成が朝鮮戦争休戦直後に構想し、金正日が１９９２年には実行に移そうとした奇襲南侵作戦がもはや通用しないと悟らざるを得なかった。米軍抜きの韓国軍に奇襲をかけても、時代遅れの装備しかない北朝鮮軍は、半島南半分を占領するどころか、ソウルにも入れず敗退し、逆に韓国軍による大量報復攻撃を受けることが判明した。

一方、韓国は北朝鮮の核攻撃に対して、独自の抑止力を持とうと必死で努力してきた。２０２２年7月6日、尹錫悦《ユンソンニョル》大統領は、忠清南道鶏《チュンチョンナムドケ》龍台《リョンデ》にある陸海空軍本部で開いた全軍主要指揮官会議で、「北朝鮮が挑発すれば迅速かつ断固として対応せよ」と命令したうえで、米国の核の傘による「拡大抑止」に基づく防衛能力に加えて「韓国軍が独自に、北朝鮮の核・ミサイルの脅威を圧倒できる能力を持たなければいけない」と強調し、韓国の核抑止体制である「３軸体系」の強化と戦略司令部の創設について軍幹部らに指示した。

「３軸体系」とは、①北朝鮮のミサイル攻撃を察知して移動を含む発射基地と制御施設に先制打撃を加える「キル・チェーン」、②発射されたミサイルを迎撃する「韓国型ミサイル防衛」、③攻撃を受けた場合に、北朝鮮指導部などに対する大規模な報復攻撃を行う「大量反撃報復」——の三つを指す。ここで、③の攻撃対象に北朝鮮指導部が入っていることに注目したい。韓国軍は通常火薬を使った高威力の地中貫通ミサイルを開発し、実戦配備している。もし北朝鮮が韓国に核攻撃を仕掛けてきたら、核を使わなくてもその地中貫通ミサイルを使って金正恩の命を奪う準備をしているのだ。

韓国国防省は同日、北朝鮮の核・ミサイル攻撃に対応するため、「３軸体系」を統括する「戦略司令部」を創設すると発表した。

２０２４年10月1日、韓国は「戦略司令部」が創設し、弾頭の重さが8トンという「玄武《ヒョンム》５」ミサイルを公開した。「玄武５」は、北朝鮮指導部が潜む地下の軍事施設を破壊できるように開発されたもので、通常兵器では世界最強のバンカーバスター（地中貫通爆弾）だ。その日、尹錫悦大統領は、

「もし、北が核兵器の使用を企てるならば、韓米同盟の圧倒的な対応に直面し、北の政権の終末の日になるだろう」と演説した。

韓国は、憲法9条や非核3原則などを持たない「普通」の国だから、危機感を持てば、できることをすべてしようとするのだ。自衛隊の手足を自国の憲法と法令でわざわざ縛っているわが国とは違う。

2022年2月、ウクライナ侵略戦争の初戦でロシア陸軍の弱さを見て、金正恩は同じロシア製兵器で武装している北朝鮮陸軍が予想外に弱いことを知った。米軍さえ撤退させれば奇襲攻撃で韓国を占領できると考えてきたが、韓国軍とだけ戦っても現在の北朝鮮軍は敗退する可能性が高いばかりか、韓国軍が単独で金正恩を暗殺できる地中貫通ミサイルを配備するという不都合な真実に直面したのだ。2022年6月に開いた党中央軍事委員会で、通常兵力では韓国単独でもかなわないから、実際に戦場で使える戦術核兵器開発に集中するという方針を非公開で決めたという。

その後、北朝鮮は2022年9月8日、最高人民会議（国会）で核兵器使用条件などを定める「核戦力政策に関する法令」（以下「核法令」）を採択し、金正恩が「核放棄のための交渉はあり得ない」「核は国体」とする施政方針演説を行った。

核法令では、核の先制使用もあり得ることを明文化する5つの「核使用条件」が定められた。

1　核兵器またはその他の大量殺戮兵器による攻撃が強行された場合または差し迫ったと判断される場合

2　国家指導部と国家核戦力指揮機構に対する敵対勢力の核および非核攻撃が強行された場合または

差し迫ったと判断される場合
３　国家の重要戦略的対象に対する致命的な軍事的攻撃が強行された場合または差し迫ったと判断される場合
４　有事に戦争の拡大と長期化を防ぎ、戦争の主導権を掌握するための作戦上、必要が不可避に提起される場合
５　その他の国家の存立と人民の生命安全に破局的な危機を招く事態が発生して核兵器で対応せざるを得ない不可避な状況が生じる場合

１では、相手が核攻撃をしてこなくても、核以外の大量殺戮兵器による攻撃を受けるか、それが差し迫ったと判断される場合でも核を使うと言っている。

２と３では、「国家指導部と国家核戦力指揮機構」や「国家の重要戦略的対象」が核以外の軍事攻撃を受けるかそれが差し迫ったと判断される場合に核を使うと明言した。「国家指導部と国家核戦力指揮機構」とは、金正恩と人民軍の最高指導部などを指す。それが通常兵力で攻撃されたら核で反撃すると脅している。

４では、有事に作戦上不可欠な場合にも核を使うと明言している。

５では、事実上、金正恩が必要だと判断すればいつでも核を使うと言っているのだ。

通常兵力では韓国軍にかなわないという判断、そして韓国軍の地中貫通ミサイルへの恐怖がこの法令制定の背景にある。韓国軍が怖いのだ。

相次ぐ「戦略核」訓練が意味するもの

「核法令」制定の直後の2022年9月末から10月初め、そして翌年の2023年3月、同8月に戦術核攻撃訓練が公然と実施された。

まず、2022年9月25日から10月9日までに7回にわたって北朝鮮は弾道ミサイルを発射し「戦術核運用部隊の軍事訓練」だったと、10月10日の「朝鮮中央通信」を通じて公表した。

同日の「朝鮮中央通信」報道によると、

9月25日「貯水池水中発射場で戦術核弾頭の搭載を模擬した弾道ミサイル発射訓練」〔傍線西岡・以下同〕、

9月28日「南朝鮮作戦地帯内の各飛行場を無力化させる目的で行われた戦術核弾頭の搭載を模擬した弾道ミサイル発射訓練」、

9月29日と10月1日「複数の種類の戦術弾道ミサイル発射訓練」、

10月4日「新型地対地中・長距離弾道ミサイルで日本列島を横切って4500キロ界線の太平洋上の設定された標的水域を打撃」、

10月6日「敵の主要軍事指揮施設打撃ミサイル命中打撃訓練」、

10月9日「敵の主要港湾打撃超大型ロケット砲射撃訓練」

と公表された。

9月25日と28日には、傍線を付したとおり「戦術核弾頭の搭載を模擬した弾道ミサイル発射訓練」と公然と明記している。

これらの訓練の一部では核攻撃の対象についても「南朝鮮作戦地帯内の各飛行場」（9月28日）、「敵の主要軍事指揮施設」（10月6日）、「敵の主要港湾」（10月9日）と明記した。9月28日には「南朝鮮」としたが、そのように限定せず「敵」と書いたことに注目すべきだ。韓国だけでなくわが国やグアムの米軍基地、自衛隊基地と港湾を核攻撃する演習と受け取るべきだ。

それに続いて2023年3月18日から19日に「戦術核運用部隊の核反撃想定総合戦術訓練」が行われて、短距離弾道ミサイル1発が発射され、同22日に「戦術巡航ミサイル部隊を戦術核攻撃任務遂行手続きおよび工程に熟練させるための発射訓練」として、巡航ミサイル4発が発射された。同27日には「地対地戦術弾道ミサイル2発と核空中爆発打撃方式の教育模範射撃」が行われた。これらは核攻撃命令が出たことを想定しての戦術核攻撃訓練だとされた。

3月18日から19日の「戦術核運用部隊の核反撃想定総合戦術訓練」について3月20日の「朝鮮中央通信」はこう報じた。

　国の戦争抑止力と核反撃能力を実質的に強化し、当該の各部隊を戦術核攻撃任務遂行の手順と工程に熟練させるための総合戦術訓練が、3月18、19の両日に行われた。
　各戦術核運用部隊の核反撃仮想総合戦術訓練は、大規模な米国・南朝鮮連合軍の反朝鮮侵略戦争演習がヒステリックに拡大し、米軍核戦略装備が大々的に南朝鮮地域に投入されている緊張した情勢の下で断行された。
　重なるわれわれの警告を無視して朝鮮を狙った明白な戦争企図を露骨化し、侵略的な戦争演習を拡大させ、攻撃性の濃い軍事行動を乱発している敵に、より強硬な実戦対応意志と警告を送るところに今回の訓練のもう一つの目的がある。

米韓軍が進める軍事演習は核抑止力を含み、北朝鮮が前年から公然と核攻撃訓練を繰り返していることに対抗したものだ。北朝鮮はそれが怖いので、戦術核攻撃の訓練を行うと吐露しているのだ。

「朝鮮中央通信」の紹介を続ける。

朝鮮労働党総書記で朝鮮民主主義人民共和国国務委員長である敬愛する金正恩同志が、核反撃仮想総合戦術訓練を指導した。（略）

敵の主要対象に対する核打撃を模擬した発射訓練が行われた。

ミサイルには、核戦闘部を模擬した試験用戦闘部が装着された。

平安北道鉄山郡で発射された戦術弾道ミサイルは、８００キロ射程に設定された朝鮮東海上の目標上空８００メートルで正確に空中爆発して、核戦闘部に組み立てられる核爆発制御装置と起爆装置の動作の信頼性が再度検証された。

発射訓練は、周辺国家の安全に、いかなる否定的影響も及ぼさなかった。

また、3月27日に行われた「地対地戦術弾道ミサイル2発と核空中爆発打撃方式の教育模範射撃」について、3月28日の「朝鮮通信」は、「仮想的な核襲撃を行い、標的の上空５００メートルで戦闘部を空中爆発させた」として、核攻撃訓練について次のように具体的に報じた。

射撃準備訓練では、核攻撃命令認証の手順と発射承認システムの稼働正常性を検閲し、制定された核攻撃命令受け付けの手順と規定に従って、指摘された標的に核襲撃を加えるための標準戦闘行動工程と火器操作法について模範教育した。

戦術弾道ミサイルには、核戦闘部を模擬した試験用戦闘部が装着された。

教育中隊は、平壌市力浦区域から咸鏡北道金策市沖の目標島を狙って仮想的な核襲撃を行い、標的の上空５００メートルで戦闘部を空中爆発させた。

軍部隊長は、わが部隊の使命は明白であり、われわれは有事の際に何をすべきかをよく知っていると述べ、戦えば必ず敵を壊滅させると確言した。

また、２０２３年8月30日に短距離弾道ミサイル２発が発射され、『大韓民国』軍事ごろの重要指揮拠点と作戦飛行場を焦土化することを想定した戦術核打撃訓練」と公表され、９月２日には巡航ミサイルが数発発射され、「敵に実質的な核危機について警告するための戦術核攻撃想定発射訓練」とされた。

繰り返し公然と短距離弾道ミサイルと巡航ミサイルに模擬核弾頭を積んで「戦術核攻撃訓練」を行い、それを公表しているのだ。通常兵力では韓国にかなわないという危機感が表れている。金正恩は韓国軍が怖いのだ。だから、韓国に対して通常兵力で自分を攻撃したら実際に核攻撃をするぞと脅している。

ウクライナ戦争初戦のロシア陸軍の苦戦を目撃した金正恩は、核搭載の大陸間弾道ミサイルで米軍の介入を防ぐなかでの奇襲南進による赤化統一という、金日成が提唱し金正日が最優先で準備し続けた軍事戦略を実上放棄した。そして、圧倒的に強い韓国軍の通常兵力から自分の命を守るために戦術核ミサイルを使うという、守り優先の戦略に大転換した。

北朝鮮は軍事戦略上も金日成、金正日の提唱した統一路線を放棄した。まさには朝鮮半島の現代史における韓国の勝利だ。ところが、その韓国で尹錫悦大統領の戒厳宣布で大混乱が起きた。それを次章以降で見ていく。

第2部

分裂する韓国

第4章　尹錫悦の狂乱、陰謀論を信じて戒厳宣布

戒厳宣布から内乱罪容疑の逮捕へ

２０２４年12月３日夜10時半、尹錫悦《ユンソンニョル》韓国大統領が突然、テレビで生中継される会見に出てきて戒厳宣布を宣言した。そこから、戒厳騒動が始まった。４日午前1時に国会が戒厳解除要求決議を可決した。４時半に再度、尹錫悦大統領が会見して戒厳解除を宣言した。国会が解除要求をするまで2時間半、大統領が解除宣言を出すまで6時間の戒厳令だった。

その後、マスコミの報道、国会での関係者への追及、捜査の進展で、驚くべき、そして失笑を禁じ得ない戒厳騒動の実態がつぎつぎに明らかになってきた。本章ではまず、尹錫悦大統領が何を狙ったのかに焦点をあてて経過を見ていきたい。

尹大統領は戒厳宣布の理由として、国会が自分の政権の政府官僚に22件の弾劾訴追を発議したこと、そして政府が提出した予算案を４兆１０００億ウォン削減したことをあげた。「内乱を企てる明白な反国家行為」、また「立法独裁を通じて国家の司法行政システムを麻痺させ、自由民主主義体制の転

覆を企てている」として、国会と野党を激しく糾弾した。

尹大統領は、戒厳解除直後から内乱罪の容疑者として捜査を受け、大統領職のまま2025年1月15日に逮捕された。彼は野党が内乱を企てたと主張して戒厳騒動を起こしたのだが、結果として自分が内乱罪で裁かれるのだから、ある意味皮肉である。

野党多数の国会からの圧迫

ここで韓国における大統領と国会の関係を見ておく。大統領権力と国会権力は分立していて、大統領は国会の強い牽制を受ける。それがわからないと、なぜ最高権力者である大統領が戒厳宣布をしたのかが理解できない。

尹錫悦が大統領に就任したときから戒厳宣布までの2年半ほどの間、国会は野党が多数を占めてきた。野党が主導する国会は尹大統領を圧迫し続けている。尹大統領は国会の圧迫が我慢できなくて怒りにまかせて戒厳宣布を行い、国会に鎮圧されて、内乱罪容疑者となり、任期半ばで退陣することになった。

韓国の現行憲法では、大統領の任期は5年で、再任はできず、1院制の国会の任期は4年で、解散はない。だから、大統領側からすると、国会議員選挙は任期中に通常は1回、20年ごとに2回実施される。

大統領は国会解散権を持っていない（朴正煕《パクチョンヒ》政権時代後半の第4共和国憲法と全斗煥《チョンドゥファン》政権時代の第5共和国憲法では大統領は国会解散権を持っていた）。一方、国会も政治的理由で大統領を辞めさせる不信任権がなく、憲法や法律に重大な違反があった場合にかぎり弾劾訴追ができる。

大統領は国会に対抗する手段として拒否権、正確に言うと再議要求権を持つ。それを行使すると法案は国会に戻り、再議決で在籍議員過半数の出席と出席議員3分の2以上の賛成で成立する。尹大統領は25件の拒否権発動を行い、そのすべての法案が再議決で与党の反対により否決された。

尹政権発足の2年前、文在寅《ムンジェイン》政権下で行われた2020年4月の国会議員選挙の結果は、全議席300のうち現在の野党「共に民主党」が180議席、現在の与党「国民の力」の前身「未来統合党」が103議席だった。2022年5月、その議席配分の下、尹政権は少数与党状態でスタートした。

尹大統領がやりたい政策を進めるためには、任期2年目の2024年4月の国会議員選挙で与党が過半数をとることが至上課題だった。しかし、やはり与党は惨敗して108議席しかとれず、野党の国会支配は続いた。後述するが、その敗因の多くは、実は尹大統領自身の政策の失敗にあったのだから自業自得だった。

尹大統領が戒厳宣布理由としてあげた国会による政府官僚弾劾訴追と、予算案削減には、尹政権への悪意が感じられ、やり過ぎという批判はあるものの、憲法が国会に与えている権限の範囲で行われたものだ。国会の議席配分は、直前の民意の反映だ。大統領もそれに従う義務がある。

ところが、尹大統領はそれを国会による「内乱企図」「立法独裁」「自由民主主義体制転覆」と断定して戒厳を宣布し、「私はできるだけ早い時間内に反国家勢力を撲滅し、国家を正常化させます」と言い切った。これは妄想に近い。戒厳宣布談話発表の直前にわずか5分間開かれた閣議で、大統領は赤くほてった顔をして興奮状態で、首相以下の反対意見にいっさい耳を貸さなかったという。

韓国の憲法が大統領に付与している戒厳布告権限は、国会と野党を撲滅することを許しているのかを見ておこう。結論から書くと、そのような権限を憲法は大統領に与えていない。だから、尹大統領の戒厳騒動は失敗し、そのため尹大統領は大統領の座を追われ、内乱罪容疑者として逮捕されることが決まったのだ。憲法の戒厳令規定を見よう。

第77条　①大統領は戦時・事変又はこれに準ずる国家非常事態において兵力により軍事上の必要に応じ、又は公共の安寧秩序を維持する必要があるときには法律の定めるところにより戒厳を宣布することができる。
②戒厳は非常戒厳と警備戒厳とする。
③非常戒厳が宣布されたときには法律の定めるところにより令状制度、言論・出版・集会・結社の自由、政府や裁判所の権限に関し特別な措置をすることができる。
④戒厳を宣布したときには大統領は遅滞なく国会に通告しなければならない。
⑤国会が在籍議員過半数の賛成で戒厳の解除を要求したときには大統領はこれを解除しなければならない。

第1項の戒厳宣布要件は「戦時・事変又はこれに準ずる国家非常事態」とされており、今回の戒厳宣布はこの要件を満たさないと批判されている。戒厳宣布談話で尹大統領は、「内乱を企てる明白な反国家行為」「体制転覆を狙う反国家勢力の蠢動」「大韓民国は崩壊してもおかしくないほどの風前の灯火の運命」などという過激な表現を羅列して、この要件を満たしていると主張したが、具体的理由として挙げたのはすべて国会の行為だけだった。

私は戒厳宣布直後に第3項、第4項、第5項で規定されている戒厳と国会の関係を確認し、尹錫悦の戒厳は憲法違反だとすぐ判断した。第3項では戒厳により統制されるのは政府と裁判所の権限だとされていて、国会はそこから除かれている。言い換えると、戒厳司令部は国会の権限を統制できない。第4項は国会への遅滞なき通報、第5項は国会の解除要求決議に従うことを大統領に命じている。この規定は国会の機能が戒厳下でも生きていることを前提にしている。

憲法が規定する戒厳は大統領が宣布するが、大統領の独走を防ぐため国会が反対すれば解除されると規定されているのだ。野党が国会の過半数を持つ現状で、大統領が戒厳を宣布してもすぐに国会が解除決議を行うことは明らかだ。だから、国会と野党を撲滅することを目的にした尹大統領の戒厳は、憲法の定める法秩序を破壊するものとならざるを得ない。

尹大統領は戒厳談話で国会が内乱を起こしていると決めつけたうえで、戒厳布告で国会の政治活動を禁止し、それを強要するために国会に戒厳軍を入れた。これは明らかに憲法違反だ。

「戒厳司令部布告1号」の驚くべき内容

戒厳宣布後に尹大統領が軍隊に命じたことを見ると、ほんとうに尹大統領は妄想にとりつかれていたのではないかと疑いの声が上がっている。

戒厳宣布直後、戒厳司令官に任命された陸軍参謀総長の朴安洙《パクアンス》大将が国防長官に呼び出され、戒厳司令官としてこれを布告せよと「戒厳司令部布告1号」案文を渡された。朴大将は戒厳宣布について事前にいっさい聞かされておらず、案文もそこで初めて見たという。一読して、これはまずいと思い「法的検討が必要です」と言ったところ、すでに法的検討は終わっているから早く布告せよと、強い命令を受けた。原文では布告時間が「２０２４年12月３日22：00付」とされていたところを、すでに23時を過ぎているとして「23：00付」と修正して布告した。この内容があまりにもひどいものだった。全文を紹介する。

戒厳司令部布告1号

自由大韓民国内部に暗躍している反国家勢力の大韓民国体制転覆の脅威から自由民主主義を守り、国民の安全を守るため、２０２４年12月３日23：00付で大韓民国全域に次の事項を布告する。

第1項　国会と地方議会、政党の活動と政治的結社、集会、デモなどいっさいの政治活動を禁止する。

第2項　自由民主主義体制を否定したり、転覆を企図するいっさいの行為を禁止し、フェイクニュース、世論操作、虚偽の扇動を禁止する。

第3項　すべての報道と出版は戒厳司令部の統制を受ける。

第4項　社会混乱を助長するストライキ、怠業、集会行為を禁止する。

第5項　専攻医をはじめ、ストライキ中または医療現場を離脱したすべての医療人は48時間以内に本業に復帰して忠実に勤務し、違反時は戒厳法によって処断する。

第6項　反国家勢力など体制転覆勢力を除いた善良な一般国民は、日常生活の不便を最小限にできるように措置する。
以上の布告令違反者に対しては、大韓民国戒厳法第9条（戒厳司令官特別措置権）により、令状なしに逮捕、拘留、押収捜査を行うことができ、戒厳法第14条（罰則）により処罰する。
戒厳司令官　陸軍大将　朴安洙

ところで、もし戒厳令が解除されなければ、軍と国民が衝突して流血の事態が起きたはずだ。「朝鮮日報」出身の言論人崔普植《チェポシク》氏は自身が運営するネットメディアにこう書いた。

国会と政党、政府機関、大学には戒厳軍が進駐しているだろう。街では検問検索が行われる。ソウル中心の光化門《クァンファムン》に何人かでも集まれば、ただちに連行されたはずだ。私が生涯にわたって行っている言論活動は戒厳令の顔色をうかがわなければならないだろう。医療現場を離脱した専攻医たちは「処断」されているところだ。裁判所の令状なしに逮捕・拘禁され、押収捜索が日常で行われているだろう。

最近の世の中で、韓国国民はこれに順応して生きていくだろうか。流血事態まで発生したにちがいない。尹大統領の中途半端な戒厳失敗はそれでも「天運」だった。戒厳が失敗したため、国家的惨劇を防ぐことができたわけだ。

国会制圧は明らかな憲法違反

「戒厳司令部布告1号」第1項では、国会と政党の政治活動を禁止している。この点がまず憲法違反だ。

先に書いたように、韓国憲法は、大統領に戒厳宣布の権限を与えているが、国会は戒厳令の統制の外に置き、国会が過半数で解除要求決議をすれば大統領は従わなければならないと規定して、大統領の暴走を止める装置を備えている。その国会に特殊部隊を送り、本会議場から国会議員を引きずりだせと、大統領が直接、特殊部隊の司令官に命令を下している――尹大統領は憲法裁判所の弾劾審査で自分はそのような命令を下していないと主張したが、他の証言から虚偽である可能性が高い。

２０２４年12月10日に国会国防委員会に出席した郭鍾根《クアクジョングン》前陸軍特殊戦司令部司令官（中将）は、「大統領が４日の０時30分から40分に盗聴防止付き電話機を使って直接電話をかけ、『議席定足数が満ちていないようだ。早く（本会議場の）ドアを壊して入っていって、中にいる議員たちを引っ張り出せ』と指示した」と証言している。

大統領が軍事力を使って国民から選ばれた国会議員を本会議場から引きずり出そうとした。これは明確な憲法秩序の蹂躙《じゅうりん》だ。内乱罪が成立すると私も考えるし、韓国の捜査機関も内乱罪容疑で尹大統領への捜査を進め、1月15日に逮捕し、1月26日起訴した。ところが、尹大統領は、戒厳宣布は大統領の権限行使であって違法ではないと主張し続けている。12月12日には、録画した動画を公開して戒厳宣布の正当性を主張した。そこで、自分は内乱罪など犯してはいないと強く反発してこう主張した。

私は国会関係者の国会出入りを防がないようにし、それで国会議員と多数の人たちが国会の庭と本館、本会議場に入り戒厳解除案件の審議も行われたのです。

それでもなんとか内乱罪を作って大統領を引き下ろすために数々の虚偽の扇動を生み出しています。いったい、2時間の内乱というものがありますか。秩序維持のために少数の兵力をしばらく投入したのが暴動だということですか。

この主張は、先に見た郭司令官や他の複数軍人の証言により虚偽だと判明している。

医療人への不当な圧力

戒厳布告で最も驚愕したのは、第5項目に記された、医療人への不当な命令だった。すなわち、「専攻医をはじめ、ストライキ中または医療現場を離脱したすべての医療人は48時間以内に本業に復帰して忠実に勤務し、違反時は戒厳法によって処断する」だった。

本書第5章で詳しく書くが、尹大統領が2024年2月に強行した医学部定員の大幅増員は、韓国の医療を壊している。3058人の定員を2025年から一挙に2000人増員して5058人に増やすと一方的に発表し、それを強行すれば医学教育と医療現場が大混乱に陥るとして医療界のほぼ全員が強く反発し、本来保守である彼らを敵に回した結果、4月の選挙で与党は大敗した。それでも尹大統領は2000人増員に固執し続け、医学部在学生の9割以上が休学し、専門医になるために大病院で勤務をしながら研修を受けていた専攻医のやはり9割以上が辞表を出して病院を去った。

尹大統領は、逆らう者を権力を使って弾圧した。警察が医学生や専攻医を呼びつけ、「違法なストライキを止めよ」と、長時間取り調べるなどして圧迫したが、彼らは戻ってこなかった。大学には、休学を認めたら補助金を削る、病院には、辞職を認めたら財政支援しないなど、さまざまな圧力をかけたが失敗した。

そのような状況下、尹大統領は戒厳令布告で、辞職した専攻医らがストライキをしていると嘘を書いて、48時間以内に戻らないと戒厳軍が「処断する」と脅した。ストライキとは職を維持しながら仕事をしないことだが、専攻医は辞表を出し、それが受け入れられて多くが専門医になることを放棄し、一般医として就職したり、外国で働く準備をしたり、徴兵に応じたりしている。

尹大統領は、自分は正しいことをしているが、野党と医師らはそれを理解せず邪魔しているから、戒厳を宣布して軍の力で言うことを聞かせようとした。妄想としか言いようがない。

選挙管理委員会への軍派遣

もう一つ、あきれるしかなかったことは、戒厳宣布直後に国会より先に中央選挙管理委員会に戒厳軍を送ったことだ。

12月４日、選挙管理委員会が明らかにしたところによると、戒厳宣布直後、軍内の情報機関である防諜司令部から約３００人を選挙管理委員会施設３か所に送った。この３００人という兵力は国会に送られた兵力より多い。京畿道《キョンギド》果川《クアチョン》市にある中央選挙管理委員会の庁舎と京畿道水原《スウォン》市の中央選挙管理委員会研修所、ソウル特別市冠岳《クアナク》区の世論調査審議委員会に２９７人の戒厳軍が送られた。彼らは選挙管理に使われているコンピュータ室に入り、その写真を撮り、データを持ち出そうとしたが、それには失敗した（「中央日報」2024年12月5日）。

これにはほんとうに驚いた。実は、一部の保守派ユーチューブテレビや運動家らの間で、2020年4月に文在寅政権下で行われた国会議員選挙の投開票過程でコンピュータを利用した大規模な不正があったという話が広がっていた。しかし、投開票における不正の客観的証拠はない。多数起こされた裁判でもすべて、不正があったとの証明をできず負けている。なお、不正選挙論の発生過程とそのおかしさについては、本章後半で詳しく論じたい。

尹大統領は、ほんとうに不正を疑っているにしても、戒厳宣布などしないで、まず記者会見で国民に訴えればよかった。そこで、記者らからの厳しい質問にもていねいに答えれば、国民の一定の支持を得られたかもしれない。まず、戒厳を宣布して軍を選管と国会に送った後、自己弁護のために滔々《とうとう》と選挙不正の疑いを語っても説得力はない。

以上見てきたように、尹大統領の戒厳宣布は彼が独善的で無能力で妄想を信じている、すなわち大統領の器ではないために起きたコメディだった。その結果、韓国の保守派は国民の信頼を大きく失った。これから長期間、政権をとることができないだろう。保守の壊滅と言ってもよいと、私は、戒厳が失敗した直後に考えた。

韓国保守の崩壊と与党分裂

実は、尹錫悦を大統領候補に立てたときから、韓国保守の崩壊は始まっていた。

尹錫悦は特捜部の検事として、朴槿恵《パククネ》大統領の弾劾・逮捕・懲役22年（汚職罪で懲役15年、権力乱用罪で同5年、選挙介入で同2年）の実刑判決確定に大きな役割を果たした。それだけでなく、前最高裁長官を含む判事15人、前国家情報院長4人をはじめとする官民の保守派リーダーを多数、ほぼ濡れ衣と言っていい容疑で起訴し、苦しめた張本人だ。

その彼が、文在寅政権が曺国《チョグク》法務長官を先頭に立てて、検察から捜査権を奪う改革を断行しようとしたとき、検察の利益を代弁して曺国の家族の入試不正などを暴いてそれに抵抗した。その過程で、あれよあれよという間に保守派のヒーローになり、大統領候補にまでなった。

当時、文在寅政権の過激な左派政策に強い危機感を覚えていた保守派は、李在明《イジェミョン》候補が当選すれば文在寅政権の政策が引き継がれると考え、「血の涙を呑んでも尹錫悦」（尹錫悦検事に弾圧された元国家情報院幹部の弁）という心境だった。

しかし、尹錫悦は、保守が期待した文在寅逮捕を行わなかった。それでも、与党「国民の力」、「朝鮮日報」などの保守言論、全光君《チョンガンフン》牧師などの在野の保守勢力の大部分は尹錫悦支持の立場を崩さなかった。本来なら是々非々の立場で医学部定員増員などの独善的政策には強く反対するべきだったが、「月刊朝鮮」元編集長で現在ネットメディアを運営する趙甲済《チョガプチェ》氏ら一部の心ある保守リーダーを除いて尹錫悦への一方的支持が続いた。

事態がここまで来ても、保守運動は選挙不正論を信じる者が多く、尹支持が強い。賛成した与党議員が一部出たので、12月14日に国会で弾劾訴追は議決されたが、反対した与党多数派は、賛成した与党議員を激しく非難し、与党は分裂状態だ。

戒厳支持・大統領支持を続ける人々

私は12月3日に韓国で起きた尹錫悦大統領による戒厳宣布騒ぎについて先ほど、「尹大統領の戒厳宣布は彼が独善的で無能力で妄想を信じている、すなわち大統領の器ではないために起きたコメディだった。その結果、韓国の保守派は国民の信頼を大きく失った。これから長期間、政権をとることができないだろう。保守の壊滅と言ってもよい」と書いた。これが戒厳失敗直後の感想だった。

ところが、保守は壊滅しなかったし、国会で弾劾訴追された後も、尹錫悦による戒厳を支持する勢力は力を持ち続けた。「東亜日報」が2025年1月1日に公開した世論調査（12月28日、29日実施）によると、韓国人の約4分の1が尹錫悦の戒厳を支持し、自分を保守だと答えた層では半分以上が戒厳を支持していた。

尹大統領の「反国家勢力の剔抉《てっけつ》、自由憲政秩序を守るために戒厳を行った」という主張に対して、「同意しない」は68・7％、「同意する」がなんと28・2％。自分を保守だと答えた回答者のうち「同意する」は57・3％だ。

「不正選挙疑惑解消のために戒厳が必要だ」という主張については「同意しない」72・3％、「同意する」がなんと23・5％。自分を保守だと答えた回答者では「同意する」52・9％だ。

全国民の4分の1、保守層の過半数が、私が妄想だと書いた「反国家勢力の剔抉、自由憲政秩序を守るために戒厳を行った」「不正選挙疑惑解消のために戒厳が必要だ」を支持していた。

そして、「朝鮮日報」1月24日に公表された世論調査（1月21日、22日実施）では、国民の43％、保守層の70％、与党支持者の78％が「不正選挙疑惑に共感する」と答えた。

保守派デモは反大統領デモの数倍規模

元旦から大統領公邸前に数千人の保守派が集まった。尹錫悦を逮捕させないため、徹夜で路上集会をしていた人たちもいた。多数の保守ユーチューブテレビが現場で生中継しており、それを見ると、従来の保守派のデモでは老人層が多数だったのに比べて若者の参加が目立った。

いったい何が韓国で起きているのかを知るために、1月10日から15日までソウルに取材に行った。その報告をする。

まず驚いたのは、選挙不正陰謀論が信じられないほど拡散していたことだ。尹錫悦大統領は外国勢力による不正選挙を解明することが戒厳宣布の目的だったから、弾劾訴追や内乱罪での取り調べは間違っていると公然と主張し、憲法裁判所での弾劾審査で尹側の弁護士が滔々とそれを主張していた。尹錫悦を熱烈に支持する人たちが多数結集し、選挙不正はなかったと主張する保守リーダーらを、裏切り者、中国のスパイなどと罵倒していた。

1月12日に大統領公邸前の路上デモを見に行った。

最寄りの地下鉄の駅に着くと、多数の乗客が下車して公邸方向に向かっていく。その流れにしたがって地上に出ると、多くの屋台が出ていて、尹錫悦擁護派のためのデモ参加グッズ、韓国と米国の国旗やペンライトなどを売っていた。

尹錫悦擁護派の紙スローガンを配る人もいた。紙スローガンは何種類かあったが、すべて片面は白地に赤い文字で「STOP THE STEAL」と英語が書かれていた。裏面には韓国語で「尹錫悦大統領とともに戦います」「弾劾無効、李在明拘束」と書いてある。なかには裏も英語で「CCP OUT」と記されているものもあった〔右写真〕。

「STOP THE STEAL」は、米国のトランプ大統領を支持する陣営が２０２０年の大統領選挙で、民主党による大規模な不正に抗議するため作ったスローガンだ。「票を盗むのを止めろ」という意味、「CCP OUT」は「中国共産党、出て行け」という意味だ。韓国の不正選挙は中国共産党のハッカーらによる犯行だとする尹錫悦支持派の考えがそこに込められている。

車道に座り込んだデモ参加者を見ると、尹錫悦擁護派が数千人、尹錫悦反対派はその5分の1くらいだった。

極寒の中、尹錫悦支持派は地下鉄駅からつぎつぎと参加者が加わり、また途中でデモ参加を打ち切って地下鉄駅に向かう参加者の人波が絶えないのに比して、尹錫悦反対派に新規参加者はほとんどい

尹錫悦擁護派の紙スローガン

ない。

政治系動画サイトでつながる支持者と大統領

尹錫悦支持派数千人は大型車両を改造した演台を映し出す大スクリーンを見上げ、韓国と米国の国旗、不正選挙をアピールする紙スローガンを手に手に持って大声を張り上げていた。そこにいる尹錫悦支持派はみな不正選挙陰謀論を疑いなく信じていることがよくわかった。

演壇で司会をしているのは、保守派の有名ユーチューバーで不正選挙論者でもある申《シン》恵《ヘ》植《シク》氏だ。彼が運営するユーチューブ放送「シネハンス」は登録者が１６０万を超えている。それ以外にも多数の左右のユーチューブ放送が現場から中継をしていた。

１月１日、尹大統領は公邸前に座り込む支持者らに次のようなメッセージを伝達していた。

　自由と民主主義を愛する愛国市民の皆さん！　新年の最初の日から寒い天気にもこの国の自由民主主義憲政秩序を守るため、このように多く出てきてご苦労してくださり、ほんとうに感謝します。

　私は生中継ユーチューブを通じて皆さんがご苦労されている姿を見ています。ほんとうに感謝し、申し訳ないです。そして寒い天気で健康を害されないかとても心配もします。

　国の内外の主権侵奪勢力と反国家勢力の蠢動でいま大韓民国は危険です。私は皆さんと一緒にこの国を守るため最後まで戦います。国家や党が主人ではない国民一人一人が主人である自由民主主義は必ず勝利します！　私たちはもっと頑張りましょう！　ほんとうに感謝し、また感謝します。新年に皆さんの健康と健勝をお祈りします。

大統領　尹錫悦

大統領本人が尹支持派のユーチューブを見ていると公言している。ここでわかるのは、不正選挙陰謀論者の支持者と尹錫悦大統領をつなぐのがユーチューブだということだ。そもそも、先述のとおり不正選挙陰謀論は２０２０年４月の国会議員選挙直後から一部の保守ユーチューブから伝播が始まった。

不正選挙陰謀論が保守派に拡大

保守派のリーダーである趙甲済氏は、「不正選挙陰謀論はカルト宗教のような性格を持っている。一度それを信じると反論を受けつけず、自分の周囲の人々にその主張への同意を強く求める。言葉遣いが激しい。彼らが数人いると一方的にまくし立てるので会議や会合が成り立たない。左派と戦うより、同じ保守派の中で陰謀論を批判する人たちを裏切り者として激しく罵倒する」と説明した。

「ニューヨーク・タイムズ」は1月4日にデモ現場などを取材して、「How'Stop the Steal' Became a Protest Slogan in South Korea」という記事を載せた。同記事によると、韓国人の53％がユーチューブからニュースに接するというが、この数値は調査対象46か国の平均30％よりはるかに高い（韓国言論財団２０２３年調査）。

同記事は、このような特殊性が韓国を分裂させるのに作用していると分析し、元国会議員の洪性国《ホンソングク》の「尹錫悦の戒厳令宣布はアルゴリズム中毒によって誘発された世界初の反乱だろう」という談話を伝えた。

「ニューヨーク・タイムズ」がインタビューした12人のデモ参加者たちはみな確固たる陰謀論信奉者だった。12人が、唯一あるいは主な情報源は右翼ユーチューブだと答えたという。72歳の金ジェソンさんは、「私は新聞とテレビは見ない。彼らは完全に偏向している」と述べたという。

驚いたことに今、尹錫悦支持者たちの間で、選挙不正について書かない既成保守新聞、すなわち「朝鮮日報」「東亜日報」「中央日報」の購読を組織的に止める運動が起きている。韓国ＡＢＣ協会の調べで、２０２１年１００万部の有料購読があった「朝鮮日報」は12月から1月初めになんと10万部も部数が減って、社内で騒ぎになっていると、関係者から聞いた。

中国・北朝鮮と結託する野党？

1月15日、大統領公邸に籠城していた尹錫悦大統領が逮捕された。

その日、尹錫悦大統領は長文の「国民への手紙」をＳＮＳに公開した。そこで自分は選挙不正陰謀論を信じて戒厳宣布した、それは大統領の持つ権限を行使しただけで、内乱などではないと強く主張した。

その主要部分を紹介しよう。そこで尹大統領は、韓国政治の現状を、野党が「権威主義独裁国家、全体主義国家」の工作に助けられて権力を獲得し、「反国家的な国益放棄の強要と国政麻痺、憲政秩序の崩壊を推し進めた」という。ここで野党が手を組んだ相手の国名はあげていないが、文脈からして中国と北朝鮮であることは明白だ。その部分を見よう。

権威主義独裁国家、全体主義国家は体制維持のために周辺国をはじめとする多くの国家を属国ないし影響圏下に置こうとしています。国内政治勢力の中で外部の主権侵奪勢力と手を組めば、彼らの影響力工作の助けを借りて政治権力を獲得するのに有利です。

しかし、無料はありません。私たちの核心国益を譲らなければなりません。国家機密情報、産業技術情報だけでなく、原発のようなエネルギー安保と産業競争力などを提供し、ひいては自由の価値を共有する国家との連帯を崩壊させ、みずから外交の孤立化を招きます。国益に明らかに反する反国家行為をするのです。

こうした勢力が政権与党になっているときだけでなく、国会議席を大挙占有した巨大野党になる場合にも、国益に反する反国家行為は続きます。

強大な国会権力と国会独裁で立法と予算封鎖を通じて政権与党の国政運営を徹底的に妨げ、国政麻痺を起こします。

与野党間の政治的意見の相違や牽制と均衡の次元を越え、反国家的な国益放棄の強要と国政麻痺、憲政秩序の崩壊を推し進めます。

これは他国の話ではありません。まさに大韓民国の現実です。

韓国は全体主義国家ではないのに、そのような反国家行為を行う野党が、なぜ国民の支持を得て国会の多数を占めているのか。当然、そのような疑問がわいてくる。

それに対して尹大統領は野党が外国勢力と結託して大規模な選挙不正を行っているから、国民の支持を得ているように見えるだけだと、次のように断言する。

どんな政治勢力でも有権者の顔色をうかがうことになっていて、無道で邪悪なことを続けることは難しいですが、選挙の捏造《ねつぞう》でいつでも国会議席を計画どおりに獲得でき、行政権を接収できるという自信があるなら、できないことは何がありますか？　わが国の選挙で不正選挙の証拠はあまりにも多いです。

尹大統領による戒厳宣布をなぜ行ったかについての率直な説明、あるいは自白だ。

先に見たように、韓国憲法は第77条第1項で大統領に戒厳宣布権限を与えている。「大統領は戦時・事変又はこれに準ずる国家非常事態において兵力により軍事上の必要に応じ、又は公共の安寧秩序を維持する必要があるときには法律の定めるところにより戒厳を宣布することができる」。しかし、第5項で「国会が在籍議員過半数の賛成で戒厳の解除を要求したときには大統領はこれを解除しなければならない」として、国会による解除要求権を認めている。

現在の国会は野党が過半数をはるかに超える議席を持っている。だから、野党を反国家勢力と名指しする戒厳宣布をしても国会がすぐ解除決議をすることは明白だ。つまり、勝算はない。

それなのになぜ戒厳宣布をしたのかが謎だった。選挙管理委員会に戒厳軍を送ったことなどから、尹大統領が本気で選挙不正陰謀論を信じているのではないかと疑う声もあったが、すべての国家機密に接することができる現職大統領がそのようなフェイクニュースを信じるかとも思った。ところが、この「国民への手紙」で、ついに真相が明らかになった。

大統領が主張する大規模選挙不正

尹大統領は、中国か北朝鮮が国内の左派勢力と結託して大規模選挙不正を行ったと信じた。選挙管理委員会のコンピュータのデータを持ち出して調べれば、その証拠が出てくる、それがあれば現国会議員の多くは不正で当選した偽議員だと明らかにできるので、国会を解散して別途、立法機関を作ろうと本気で考えていたのだ。

尹大統領側が戒厳宣布の直前に崔相穆《チェサンモク》経済副首相兼企画財政相に「非常立法機関の関連予算を準備せよ」などの「非常戒厳宣布後の措置事項」が記されたメモを渡したことが明らかになっている。検察はこのメモを根拠に、尹大統領には国会に代わる「非常立法機関を創設する意図」があると判断している。驚くべきことだ。

大統領の手紙は、具体的にどのような選挙不正があったかを書いている。

これを可能にする選管委員会のでたらめなシステムもすべて明らかになりました。（略）選挙訴訟での投票箱の再開票でとてつもない偽投票用紙が発見され、選管委員会の電算システムがハッキングと捏造に無防備で、正常な国家機関の電算システムの基準に著しく未達であるにもかかわらず、これを是正しようとするいかなる努力もしないだけでなく、発表された投票者数と実際の投票者数の一致有無に対する検証と確認を拒否するなどで、総体的な不正選挙システムが稼働したということです。これは国民の主権を盗む行為であり、自由民主主義を崩壊させる行為です。

ここで、①とてつもない偽投票用紙が発見されたこと、②選管電算システムがハッキングと捏造に無防備なのに是正努力をしなかったこと、③選管が、発表された投票者数と実際の投票者数の一致有無に対する検証と確認を拒否したこと、の３つを不正事案としてあげている。しかし、すべて事実ではないことが明らかになっている。少し説明が長くなるが、いかに事実ではないかについて書いておく。

指摘された選挙不正はなかった

「①とてつもない偽投票用紙が発見されたこと」は、２０２０年４月に落選した閔庚旭《ミンギョンウク》元議員が提起した裁判で行われた再開票で出てきた１２２枚のおかしな投票用紙を指している。「a 二つに折った跡がない」「b 投票管理員の印鑑が赤い丸になって人名が判読できない」「c 左右の余白が違う」「d 黒く印刷されなければならない部分が別の色で印刷されている」「e 接着糊がついた痕跡がある」などだ。しかし、最高裁で閔庚旭側が推薦した鑑定人もこれらについて不正を発見できなかった。

「a 二つに折った跡がない」については、鑑定人が顕微鏡で見たところ折り跡が見つかった。開票所では、折られた投票用紙を開いた状態で100票ずつまとめて束ねる。そのとき折り跡が消えることがある。また何枚かは折り跡がなかったが、折らずに丸めて投票箱に入れた投票用紙だった。

「b 投票管理員の印鑑が赤い丸になって人名が判読できない」は、ある特定の投票所だけから見つかった。本体にインクが内蔵されたスタンプ式のはんこが準備されているのだが、その投票所ではそのはんこに朱肉をつけて捺印する間違いがあった。その結果、赤い丸になった。

「c 左右の余白が違う」と「d 黒く印刷されなければならない部分が別の色で印刷されている」は、事前投票で使われるデジタル印刷機によって発生した異常だった。「e 接着糊がついた痕跡がある」は、事前投票で使われる封筒の接着糊が付いてしまったものだった。

韓国では投票用紙に候補者の名前が事前に印刷され、有権者は、その横の四角い空欄に、準備されている印を押す。当日投票や自分の選挙区での事前投票（管内事前投票）では事前に印刷所でオフセット印刷した投票用紙を使う。しかし、自分の選挙区以外の場所で行う事前投票（管外事前投票）では、その場でデジタル印刷機を使って印刷して投票管理員が印を押した投票用紙が使われる。有権者はその投票用紙と接着糊付き封筒を受け取り、投票行為、すなわち印を候補者の名前の横に押した後、封筒に入れて接着糊で封印してから投票箱に入れる。その封筒は郵送で選管に送られる。

選管へのハッキングの事実はなかった

「②選管電算システムがハッキングと捏造に無防備なのに是正努力をしなかったこと」については、次のような経緯があった。

北朝鮮や中国がハッキングを通じて投票・開票過程に介入しているという疑いを、ユーチューブテレビなどが継続して提起した。しかし、開票は全国の地方選挙管理委員会が地域ごとの開票所において手作業で行い、その場で当落を決定して発表する。それから中央選挙管理委員会のコンピュータに報告する。したがって、中央選挙管理委員会のコンピュータをハッキングしても何も意味をなさない。

ただ、韓国でも北朝鮮や中国が公共機関にハッキング攻撃を仕掛けてくる事例はかなり起きていた。中央選挙管理委員会のコンピュータもハッキングされたという事例が報道された。それで陰謀論者の疑いは深まった。しかし、中央選挙管理委員会のメインのコンピュータは外部のネットとつながっていないので、ハッキングされようがない。事実は、職員がメール連絡などに使っていたコンピュータがハッキングされたということだった。

２０２３年10月、国家情報院が政府機関全体のコンピュータシステムを点検した際、その一環として中央選挙管理委員会のシステムも点検した。そのとき、ハッキングを試みたが、防護が強固で入ることができなかった。そこで点検の必要から選管が意図的に防護を緩め内部に入れるようにした。そのとき見つかったいくつかの問題点は、昨年２０２４年４月の国会議員選挙前に補正措置がなされた。それらの経緯は大統領にも報告されたはずだが、尹大統領は選管からの正規の報告よりユーチューブの陰謀論を信じて、事実でないことをいまだに主張している。

投開票不正も隠蔽も存在しない

「③選管が発表された投票者数と実際の投票者数の一致有無に対する検証と確認を拒否したこと」は、

陰謀論者などが主張する次のことを指しているようだ。

地域の特性などにより、例外的に1つの開票所で隣接する選挙区の投票箱の一部の開票作業を行うことがある。選挙管理委員会は開票所ごとにそこで行われた開票数を公表する。その結果、ある開票所では開票数がその選挙区の投票者数よりも多くなり、隣接する開票所では少なくなることが起きる。だが、それを選挙区ごとに計算し直すと、「発表された投票者数と実際の投票者数」は一致している。選管がその検証と確認を拒否した事実は存在しない。

大統領の手紙に戻ろう。

自由民主主義と法治主義を目指す正常な国家であれば、選挙訴訟でこれを発見した最高裁判事と選管が捜査依頼し、捜査に積極的に協力して、こうした不法選挙行為が起きたのかどうか、徹底的に確認しなければならないのです。ところがこれを隠蔽しました。

この主張も事実ではない。選管によると2020年4月の国会議員選挙に関して126件（小選挙区115、比例代表11）の訴訟が起こされ、その大部分が事前投票と開票等の選挙不正を理由にしていたが、不正を認める判決は1件もなかった。隠蔽などないのだ。

デジタルシステムと偽の投票用紙の投入などで構成される不正選挙システムは、一国の経験のない政治勢力が単独で試み、推進できることではありません。失敗して摘発されれば、その政治勢力が崩壊する可能性があります。単独では思いもよらないことです。せいぜい金品のばらまき、利権の取引、世論操作などでしょう。

しかし、投開票不正と世論調査捏造を結びつける不正選挙システムは、これを試みて推進しようとする政治勢力の国際的な連帯と協力が必要であることを示しています。

ここで尹大統領が「不正選挙システム（には）国際的な連帯と協力が必要である」と主張していることに注目すべきだ。国名は出していないが、北朝鮮と中国が不正選挙介入したと言いたいのだと見るべきだからだ。しかしその証拠は何もない。

中国人ハッカー大量逮捕はフェイクニュース

一方、尹大統領支持派の中で、「戒厳宣布当時、京畿道水原にある選管の研修院で中国人ハッカーが90人、あるいは99人が逮捕され、米軍が彼らを調査したところ、韓国の選挙だけでなく米国の選挙にも介入したことを自白した」という内容のフェイクニュースが12月末から急速に拡散している。「米軍が中国人ハッカーを沖縄の嘉手納基地に移送して取り調べをしている」という話まである。

フェイクニュースがどのように広がったかについて、韓国紙（中央日報２０２５年1月20日）などの報道をまとめてみる。まず、12月24日、左派週刊誌「時事イン」のネット版が、戒厳宣布後「選管研修院で実務者・民間人90人余りが監禁」されたという特ダネ記事を書いた。戒厳を批判する記事だった。

ところが、翌25日、購読者数１４７万の右派ユーチューブテレビ「シン・インギュンの国防テレビ」

が、研修院に監禁されたのは選管関係者ではなく中国人の可能性があるという動画を流し、再生回数が１１４万回を数えた。

26日には右派ネット新聞「スカイデイリー」に大学教授金テヨン（元明知《ミョンジ》大学国際大学院教授）が「選管研修院中国人ハッカー部隊90人は誰か」というコラムを書き、監禁されたのは中国人ハッカーだとした。27日に黄教安《ファンギョアン》元首相がネットメディア「ファイナンストゥデイ」でスカイデイリーのコラムを紹介して、「90人は今どこにいるのか。選管事務局長は国会などでどうして明らかにできずにいるのか」と煽った。

これがその後、ユーチューブやＳＮＳを通じて大統領支持派の間で広まった。1月16日「スカイデイリー」が、戒厳軍に逮捕された99人（9人多くなった）の中国人ハッカーが沖縄の米軍基地に連行され米軍の取り調べで韓国と米国の選挙に介入したことを自白した、という内容まで付け加えた。それを大統領側弁護士が引用したのだ。20日、在韓米軍が「まったく事実ではない」という声明を出すに至った。

尹大統領は戒厳軍の一部を京畿道水原にある選管の研修所に送った。実は、２０２０年4月の国会議員選挙の際、コロナ防疫のため海外からの入国者の一時隔離が行われていたのだが、その研修所の宿泊施設も外国人入国者の一時隔離に使われた。その影響で当時、一部の陰謀論者らは研修所が中国人ハッカーの拠点になったという、根拠のない主張をしていたらしい。尹大統領はその主張を検証しようとして軍を送った可能性がある。

研修所では選管職員１１９人を対象にした昇進のための研修会が開かれていて、戒厳宣布の日の夜に自宅から通えない88人の職員と8人の外部講師など合計96人が宿泊していた。当たり前だが、選管の研修施設に中国人がいるはずはない。戒厳軍はそのことを知ったためか、施設の外で待機して、戒厳解除後に撤収した。誰も逮捕などされていない。

驚愕したのは、1月16日の憲法裁判所の弾劾審判で尹大統領側の裵眞漢《ペジンハン》弁護士が、「尹大統領は最大の国権紊乱事態である『不正選挙疑惑』を明らかにするのが大統領の責務だと考えて非常戒厳を宣布した」として、その根拠としてこのフェイクニュースがネット媒体で報道されたことをあげたことだ。

もう一度、尹大統領の手紙に戻ろう。そこで尹大統領は反国家勢力が外国勢力と協力して選挙不正を行っていることを「戦時、事変に準ずる国家非常事態」だと強弁して、戒厳宣布は内乱ではなく、正当な大統領の権限行使だと言い張る。

> 投開票不正選挙システムは、特定の政治勢力が掌握した世論調査システムと、選管の確認拒否および隠蔽で構成されるものです。
> （略）世論造成もやはり、投開票不正選挙システムの一軸を構成します。
> 国民の皆様がご存知のように、これが韓国の現実なら、今この状況が危機ですか？　正常ですか？　この状況が戦時、事変に準ずる国家非常事態ですか？　違いますか？
> 国民の皆様、戒厳は犯罪ではありません。戒厳は、国家危機を克服するための大統領の権限行使です。

妄想としか言いようがない。

不正選挙陰謀論の広がり

ここで少し、韓国における不正選挙陰謀論の歴史を振り返り、それがいかに事実と異なるかを確認しておく。

韓国の投票開票は、前述のとおり、コンピュータを使う電子システムではなく、人間が手で紙の票を数える日本と同じやり方を採用している。機械は銀行で紙幣を数えるのと同じような計数機を補助として使うだけで、計数機で数えた票をもう一度人間が確認している。だからハッキングが介入する余地はない。また、開票過程はすべて与野党から推薦された立会人が監視している。これは日本とほぼ同じだ。

ところが、2012年12月の大統領選挙で落選した左派陣営から、不正選挙陰謀論が最初に出てきた。左派活動家が、計数機で未分類になり人の目で判断して有効とした票を調べると、かなり多くの選挙区で当日投票と事前投票で与野党候補の比率が異なっているとして、「統計的にあり得ないから、ハッキングなどが疑われる」と主張した。

しかし、その原因は別のところにある。当日投票に老人が多数参加するため、手が震える、目が悪いなどのため投票が無効になることが多い。老人は保守支持者が多いので、当日投票では右派の無効票が多くなることが原因だった。

当時の左派政党はそのことを把握した後、選挙不正論を主張すると、自陣営の棄権率が上がり次の選挙で不利だと察知して、党レベルで調査委員会を作って検証して不正はなかったと報告し、全国を回ってその内容を支持者に知らせた。左派のほうが賢明だった。

その後、朴槿恵弾劾があり、繰り上げて行われた２０１７年５月の大統領選挙で文在寅が当選した。そのとき左派は当然、不正論を持ち出さず、保守側も、敗北は弾劾の影響だとわかっていたので結果を認めた。

ところが、２０２０年４月の国会議員選挙で当時の保守側が大敗した後、不正のため負けたという主張が初めて保守から提起された。

落選した候補は自分が推薦した立会人が厳しく監視していることを知っているから、不正があったなどとは思わず、１人を除いて結果を受け入れた。ところが、保守ユーチューブで、事前投票と当日投票で顕著に与野党の票の出方が異なっていることが「統計学的にあり得ない」という主張が出てきた。

当日投票では保守候補が勝っていても事前投票が開票されると負けるというパターンが、ソウルや京畿道などの接戦地域の選挙区で出現した。調べると、ほぼ全選挙区で保守候補の得票率は事前投票が低く当日投票が高かった。統計学者らが出てきて、このような現象が起きる確率はゼロに近いなどとユーチューブで説明して、一気に選挙不正論が保守派に広がった。左派が一度主張してすぐ引っ込めた統計上の異常現象に、保守が飛びついたのだ。

しかしこれは、左派の不正論と同じように、合理的な説明がつく現象だ。韓国の事前投票は選挙区外でも行うことができるので、50代以下のサラリーマンらが多数投票する。20代の若者らは、選挙の日は臨時休日になるので遊びに行くことを考えて事前投票をする者が多い。これらの年代は左派支持が多い。一方、保守支持が多い60歳以上の老人層は当日投票を好む。だから、接戦選挙区ですべて同じパターンの現象が起きる。不正の証拠にはならない。

しかし、一度広がった選挙不正論は広がる一方だった。選挙に負けた保守政党側は、熱烈な支持者らが選挙不正論を提起することを放置した。本来なら左派が行ったように、次の選挙で不利になるから選挙不正はなかったという内容を積極的に支持者に広報すべきだったが、それを怠った。陰謀論者は口調が激しく、反論を受けつけないので、論争するのがいやだったようだ。それが陰謀論の温床になった。

保守派が自由主義者と陰謀論者に分裂

保守側で選挙不正陰謀論と正面から戦ってきたのは、政治家では李俊錫《イジュンソク》(改革新党国会議員)だ。李俊錫によると、尹大統領は与党の大統領候補時代からユーチューブの影響を受けて選挙不正を信じているようだったが、おかしなユーチューバーが尹候補に近づかないように、李俊錫が党代表として努力したという。ところが、大統領当選後、李俊錫は尹大統領によって与党代表の座を追われ、その後、大統領のユーチューブ中毒が悪化したという。

言論人では趙甲済(元「月刊朝鮮」編集長)と鄭奎載《チョンギユジェ》(元韓国経済新聞主筆)、この2人は、「尹大統領は刑務所に行く前に精神病院で治療を受けるべきだ」と話しているが、保守派内から裏切り者だという激しい罵倒を受けてきた。

鄭奎載氏は２０１２年に韓国で最も早くユーチューブ放送を始め、朴槿恵弾劾後に韓国経済新聞を辞して２０１８年にネットニュースメディア「ペンアンドマイク」を創設したが、２０２０年４月の国会議員選挙後、不正選挙陰謀論に根拠がないことを繰り返し主張した結果、購読者が多数離れ、「ペンアンドマイク」を２０２３年に追い出された。表向きは引退ということだったが、真相は事実上の追放だったと、２０２５年1月に本人から聞いた。

鄭奎載氏は個人ユーチューブ番組で２０２５年1月5日、4時間かけて選挙不正論は根拠がないことを検証した。その4時間番組の進行役を引き受けたのが韓民鎬《ハンミンホ》元文化体育観光省局長だった。彼は文在寅政権の極端な反日政策に公然と反対して罷免され、その後、中国共産党の文化工作拠点である孔子学園の追放運動を展開してきた保守活動家だ。彼が番組の最後で、こう述懐した。

不正選挙陰謀論者が運動に入ってきて、自分たちの意見に同調しない私のことを中国のスパイだと言いふらして困惑している。文在寅前政権の偏った反日政策に公然と反対して局長を罷免されたときより今のほうがもっとつらい。不正選挙陰謀論を整理しないと韓国保守の未来はない。

鄭氏は1月12日に私に、「このままでは尹大統領を支持する陰謀論者が暴力を振るう事態が起きないか心配だ」と語った。

その1週間後の19日明け方、ソウル西部地方裁判所が尹大統領の勾留令状を交付したことに抗議して、数百人の尹大統領支持者らが裁判所に乱入し、窓ガラスを割り、器物を壊し、令状発布した裁判官を捜し回る暴動が起きた。その過程で警察官や記者らが暴行を受けた。

趙甲済氏は暴動事件直後に、「大韓民国法秩序に対する挑戦だ。許すことはできない。不正選挙陰謀論でこのような暴動を扇動した人たち、極端なユーチューバーや政治家に対しても刑事法的な制裁が下されなければならない。嘘と暴力が合わさると許容できない事態が起きる」と語った。嘘と暴力の結合がまさに右翼全体主義の特徴だ。

韓国の保守派は事実に基づき是々非々で議論する保守自由主義者と、陰謀論を信じて暴力を肯定する右翼全体主義者に分裂してしまった。

保守派のリーダー趙甲済氏は、「李在明に反対するためにもまず陰謀論を克服して保守を再建しなければならない。相手が怪物だからと言って、こちらも怪物になってはならない」と語った。

私は趙甲済氏に、「韓国保守の大多数はいまだに歴史問題では日本発の反日プロパガンダを無条件で信じている。慰安婦と労働者の強制連行も事実無根の陰謀論だ。ところが、韓国の近現代史の中で反日陰謀論を廃し、自由保守主義を確立するという厳しい思想作業に立ち向かう者は『反日種族主義』グループなどごく少数に過ぎない。韓国の保守が心配だ」と話した。

第５章　韓国医療を危機に追い込む尹錫悦の「医療改革」

医学部定員２０００人拡大への批判

尹錫悦《ユンソンニョル》大統領は戒厳宣布で韓国を大混乱させる前に、すでにひどい失政で韓国医療を崩壊に導いていた。そのため、保守派の中から尹錫悦大統領弾劾の声が２０２４年10月に出ていた。

「国民をだまし憲法を踏みつける尹錫悦大統領はほんとうに弾劾されたいのか」という大きな文字で書かれた意見広告が２０２４年10月８日に保守系全国紙の「朝鮮日報」に掲載された。

出したのは左派団体ではなく、盧武鉉《ノムヒョン》政権時代から活動を始めた保守運動団体の「国民運動本部」だ。本部長の徐正甲《ソジョンガプ》は退役大佐で著名な保守運動家だ。徐本部長の盟友で、その数か月前から尹錫悦を激しく批判していたのが、「月刊朝鮮」元編集長で韓国保守を代表するジャーナリスト趙甲済《チョガプチェ》氏だ。この意見広告の文章も趙甲済氏が書いたと思われる。戒厳騒ぎの前から保守の中で尹錫悦弾劾の声が出ていたのだ。

これまで激しく韓国内で左派と戦ってきた保守リーダーが尹錫悦批判を強めた理由は、尹が進めていた、いわゆる「医療改革」によって韓国医療が崩壊の危機を迎えていたからだ。意見広告の冒頭部分を見よう。

大統領が「科学的根拠もない2000人」という幽霊のような数字にとらわれて不法に推し進めている医大増員は、医療大乱、医学部麻痺、理工系荒廃化、健保財政破綻、頭脳流出を招き、金日成南侵以後、最大規模の人命損失の危機を招き、日ごとに悪化しているにもかかわらず火をつけた現政府は火を消すことをも妨害する。尹大統領は権力を乱用し、事実を捏造して国民を欺瞞する方法で、大韓民国憲法が保障する個人の基本権（生命権、幸福追求権、職業選択の自由）と大学の自律権などに全面的に違反し、みずから弾劾事由を積み上げている。

本章では、日本ではほとんど知られていない尹錫悦大統領の医療政策の大失敗の実情を説明したい。まず、意見広告で批判された「医学部定員拡大」の中身を見よう。

2024年2月6日、尹錫悦政府は、今後5年間、現在3056人である医学部の総定員を毎年2000人増やすと発表した。その理由をこう説明した。10年後の2035年の医師の需給見通しをもとに医学部定員増員規模を決めた。現在の医療脆弱地区で活動する医師数を全国平均水準に上げるためには約5000人が必要であり、それに加えて急速な高齢化などで増える医療需要を考えると2035年までに1万人が必要になる。この1万5000人の需要の中で2035年までに1万人の医師を増員する。そのために2025年度から医学部の総定員を2000人増やし、現在の3056人から５０５６人に拡大する。医学部は６年課程だから、２０２５年から２０００人増員しないと、２０３１年から毎年２０００人の医師が増えない。

それに対して医師、医学部教授、大学病院などで研修している専攻医、医学部学生らが一斉に強い反対の声をあげた。

韓国では医学部を卒業し医師免許を取った後、1年のインターン、３年から4年のレジデント研修を積んで「専門医」の資格を得る。研修課程の医師を「専攻医」と呼ぶ。大学病院など大病院の医療現場を長時間勤務・低賃金で支えてきた専攻医の９割以上（91・５％）、1万３５３０人中1万２３８０人が辞表を出して病院を離れた（２０２４年８月現在、保健福祉部統計、「月刊朝鮮」２０２４年10月号81頁）。

それに対して政府は不法ストだとして職場復帰命令を出しリーダーを警察に呼び出し、長時間取り調べて圧力をかけた。しかし、専攻医は、職業選択の自由の行使であってストライキではないと反発するだけだ。たしかに辞表を出したのだからストライキではない。それなのに、尹錫悦大統領は12月３日の戒厳布告文で「専攻医をストライキ中だ」と書いて「48時間以内に本業に復帰」せよ、しないと「戒厳法によって処断する」と書いたことは、第4章で見たとおりだ。

専攻医が辞職した大病院では専門医や教授らが少ない人数で医療現場を守ってきたが、体力、気力の限界を覚え病院を去る者がつぎつぎに出てきた。

医大生もほぼ全員（97・３％）が休学し、1万８２１８人中４９５人（２・７％）だけが授業に出席していて、医学部本科4年生（最終学年）のうち５・３％だけが医師国家試験に志願した（２０２４年7月現在、「『私たちは６か月休学中』ソウル大医学部生国際学術誌寄稿」聯合ニュース２０２４年9月３日）。

韓国の医療保険制度の構造的問題点

なぜ、医学部定員2000人増員がここまで反発を呼んだのか。それを理解するためには韓国の医療システム全体を知る必要がある（以下の韓国の医療システムに関する記述は、「月刊朝鮮」2024年10月号の許ジュヒ「『医療大乱』どうしてここまできたのか」を参考にした）。

世界の医療システムは大きく3つに分類できるという。第1が米国式の自由市場だ。全国民が加入する健康保険はなく民間主導で医療が提供される。

第2は、ヨーロッパ式の国家管理システムだ。英国が代表的なケースだが、そこでは医療の民間市場は存在しない。病院は公営で医師も公務員だ。

第3は、韓国や日本のシステムだ。外形的には医療の自由市場が存在するが、内部に入ると政府が医療全体を統制している。多数の民間病院が医療を担うが、全国民が医療保険に加入し、政府が医療行為の価格（診療報酬、韓国では「酬価《スカ》」という）を決めており、患者はそのうちの一部を支払い、残りは健康保険が払う。同じ手術なら、熟達の名医と新人医師の間に価格差がない。

日本の医療保険は、自営業者や学生などの「国民健康保険」と、会社員や公務員など被雇用者の「被用者保険」（協会けんぽ・健康保険組合・共済組合等）、75歳以上の人の「後期高齢者医療制度」の3つに大別されるが、韓国は全国民に加入が義務付けられている国民健康保険のみがある。運営者（保険者）は「国民健康保険公団」のみで、被雇用者は「職場加入者」として、それ以外は「地域加入者」として加入する。

韓国で医療保険が始まったのは1977年だ。同年に、500人以上の事業所を強制加入対象とし、

１９７８年に公務員・私学教職員、１９８８年に農漁村、１９８９年に都市地域まで拡大し、すべての韓国国民を対象とする健康保険制度が完成した（日本では１９６１年に完成）。

医療保険が始まる1年前の１９７６年に最初の診療報酬が決められた。そのときに医療費実費の55％とされた。それでは大幅に赤字になるのだが、当時は医療保険対象が５００人以上の事業所に限られていたので、それ以外の患者から１００％以上を受け取ることによって赤字を埋めていた。ところが、１９８９年に全国民の医療保険が完成すると、赤字を埋める手段がなくなった。しかし、診療報酬は上がらなかった。２０２２年基準で脳動脈瘤手術の診察報酬は２９６万ウォンだ。日本では１２００万ウォン、米国では６０００万ウォン程度だ。

大韓医師協会医療政策研究所が２０１９年9月に発表した「国内外外来診察現況検討」研究報告書によると、韓国の医院級の初診診察料（２０１８年初基準）は米国の8分の1、日本の2分の1だった。韓国の初診料は1万５３１０ウォンで、米国12万８１３ウォン、カナダ6万５５３９ウォン、フランス3万２４６６ウォン、日本2万８０９５ウォンより大幅に低い。

韓国の医師らは少ない人数で多数の患者を診療することで赤字を埋めている。

２０２３年11月にＯＥＣＤ（経済協力開発機構）が公開した統計（Health at a Glance ２０２３）によると、２０２1年の韓国の医師1人当たりの診療件数は６１１３件で、関連統計があるＯＥＣＤ32か国の中で最も多かった。ＯＥＣＤ平均の１７８８件の３・４倍だった。２番目に多い日本（４２８８件）よりも１８００件も多かった。韓国の医師は、1人当たりの診療件数が最も少ないギリシャ（４２８件）の医師より14・３倍も多い患者を診療した。

なお、2021年の人口1000人当たりの医師数を見ると、韓国は2・6人、OECD平均は3・7人だった。韓国の医師たちはOECD平均よりかなり少ない人数でOECD平均の3倍の外来診療を行っている。この異常な診療件数の多さでなんとか赤字を埋めている。いわゆる「薄利多売」でなんとか維持している。

もう一つ、赤字を埋める方法が大病院における専攻医の異常な多さだった。韓国でビッグ5の一つと呼ばれるソウル大学病院に勤務する専攻医は740人で、同病院の医師の40・2%だ。それ以外の4つ、延世大学セブランス病院40・2%、三星ソウル病院38・0%、ソウル峨山《アサン》病院34・5%、ソウル聖母病院33・8%、高麗大病院35・0%だ。日本の東大病院は10・2%、米国の代表的な大病院メイヨー・クリニックは10・9%だ。

韓国の大病院は、安い報酬で長時間働く専攻医によってなんとか赤字を埋めていた。多数の若い専攻医は週平均80時間、緊急センター当直医などは週120時間勤務しながら、患者たちの命を守っている。さらには、日本では原則として禁止されている混合診療（保険診療と自由診療の併用）が認められていて、金持ちから高い診療費をとって赤字を埋めている。

以上のような構造的問題を抱えながらも、尹錫悦政権が「医療改革」という名の拙速な介入をする前の2024年2月までは、韓国は世界最高水準の医療サービスを国民に提供していた。

最高水準の医療を安価に提供

保健福祉部がOECDの2023年保健統計を分析した資料によると、韓国の平均寿命は83・6歳で日本（84・5歳）、スイスに次ぐ3位、国民1人当たり年間外来診療回数は15・7回で1位、平均5・9回の2・6倍だ。また、医師の所得も最高位圏に入っていた。

特記すべきは治療可能死亡の割合だ。すなわち適時かつ効果的な医療措置を受けなかったために死亡した者が10万人当たり何人いるかを表す指標だ。少ないほうが優れている。それを見ると、韓国はOECD38か国中2位の44人だ。日本は6位51人、OECD38か国の平均は73人だ。韓国は、効果的な医療行為に関して世界最高水準で、日本よりも優れているということだ。

なお、人口1000人当たり医師数2・6人は日本と並んで下から2番目に少ない。メキシコが2・5人で最下位、平均は3・7人。尹政権はこの数字を医学部定員増加の必要性の根拠にしている。しかし、統計全体を見れば、韓国では少ない医者が効率的に働き、世界最高水準の医療サービスを提供していたことになる。

繰り返すが、韓国の医師たちはOECD平均より半分近く少ない人数でOECD平均の3倍の外来診療を行っている。韓国の患者は世界で一番多く医療サービスを受けることができている。

患者の立場からすると、国民全員が医療保険に入り、世界最高水準の医療をかなり安い価格で享受できる。癌手術でも予約するのに数か月かかる英国などに比べると、患者が医師を選んで、ほぼすぐに診療が受けられる。まさに世界に誇るべき医療を韓国は実現していた。

ただし、それは少しでも均衡を崩すと倒れてしまう危うい塔のようなものだった。この韓国の医療システムを根元からむしばんでいたのが、司法リスクだ。

医師たちを揺さぶる深刻な司法リスク

２０１７年12月に起きた新生児連続死亡事件の影響が大きい。ソウル郊外にある梨花《イファ》女子大学校医科大学付属木洞《モットン》病院で、保育器の中にいた未熟児４人が院内感染で死亡する事件があり、業務上致死事件として主治医、専攻医、看護婦長、看護師２人が刑事事件として起訴された。

慢性的人手不足で主治医は癌治療を受けており、専攻医は事件直前に交通事故に遭って骨折していたが、ギプス姿で治療に当たっていた。主治医、専攻医、看護婦長は捜査過程で逮捕された（主治医は癌治療のため保釈）。最終的に２０２３年12月、最高裁で全員無罪が確定した。医療界では病院の構造的問題だとして、医師らに刑事責任を負わせようとした捜査当局に強く反発した。この事件後、小児科志望専攻医が激減した。

これ以外にも、医師が刑事、民事責任を問われる事件が多数起きている。ある医師は、外科を志望して専攻医として研修を受けているとき、心肺蘇生術で命を助けたが、あばら骨が折れたと患者から裁判に訴えられ、皮膚科に移った。２０２３年には分娩時に新生児に障害が起きたとして産婦人科医師が16億ウォンの賠償判決を受けた。このようなケースが頻発し、産婦人科、小児科、外科、内科、応急医療科など命に関わる必須科医師が不足する事態が生まれていた。

専攻医の小児科志望率を見ると、木洞病院事件が起きた年の２０１８年は１１３・６％だったが、２０１９年１０１・０％、２０２０年78・５％、２０２１年37・３％、２０２２年27・３％、２０２３年25・５％と急減した（韓国日報２０２３年５月１日掲載の大韓小児青少年科学会資料）。

医師たちは、世界的に優れている韓国の医療を維持するためには、医師に対する司法リスクを軽減する立法措置をすること、若い専攻医の酷使でギリギリ収支が合っている病院経営を正常化するために診療報酬の引き上げが必要だと主張してきた。そのような主張をしつつも、多数の若い専攻医は前述のとおり週平均80時間から緊急センター当直医などは週120時間勤務しながら、患者たちの命を守ってきた。

ところが、尹錫悦政権が2024年2月6日突然、医療が危機に瀕している原因が医師不足だとして、医学部の総定員をいっぺんに6割増員、すなわち3056人だったところに2000人増員して5056人にすると発表した。発表直後は国民の多数の支持を集めた。しかし、医師らはすぐに強い反対の声をあげた。

医師不足との認識への疑問と反発

これまで書いてきたような韓国医療の矛盾を、自分たちの人生設計を揺るがすものと考えていながらも政府が近い将来にこの矛盾を解決してくれるだろうと考えて現場を守ってきた若い専攻医と医学生は、定員大幅増に反対の声をあげるとともに、実態をわからずに政策を打ち出した政府に絶望し、医師としての自分の将来を悲観し、職場と学び舎から静かに退場していった。専攻医のほぼ全員が辞表を出して病院を離れ、全学年の医学生のほぼ全員が休学届を出した。

2024年2月6日というタイミングは4月10日に行われた国会議員選挙のわずか2か月前で、事実上、与野党間で選挙戦が始まっていた。尹錫悦大統領がこのタイミングで医学生増員決定をしたのは、医師らの反対を見越して自分たちの利益を守るために国民を犠牲にしようとしているとして医師を叩くことで世論を盛り上げ、選挙戦で与党を勝たせようとしたのではないかと見る人は多かった。

しかし、結果は与党の大敗だった。医師らはもともと保守支持者なのに、それを敵に回したため、首都圏など接戦地域の小選挙区で僅差で与党候補が負ける原因になったという見方が有力だ。

選挙戦のまっただ中の4月1日、尹錫悦大統領はテレビで生中継される大統領特別談話を発表した。そこでこう語った。


今、政府が進めている医療改革は、国民の皆様のためのものです。寸刻を争う患者たちが救急病院を探してぐるぐると回って、道で死亡することが起きています。子どもが病気になると、夜明けから病院の前に並ばなければなりません。非首都圏地域はさらに劣悪です。近くに産婦人科がないので、診療と出産のために病院遠征に出るありさまです。

このような状況を知る政府が、どうして手をこまねいていられるでしょうか。政府の医療改革は必須医療、地域医療を強化し、全国どこに住んでいても、どんな病気にかかっても、すべての国民が安心して治療を受けられる医療環境を作るためのものです。そのためにはもっと医者が必要です。

国民の生命と健康を守るための医師増員を、医師たちの許諾なしにはできないとすれば、逆に国民の「命の価値」がそれほどしかないのかと反問するしかありません。国民はこの国の主権者です。

医師らが定員増に反対していることに対して、自分たちの収入が減ることをいやがっているのだと決めつけて、医師の利己主義を非難している。国民と医師を対立させる「医師悪魔化」の論理だ。

尹錫悦大統領は、人口１０００人当たりの医師数がＯＥＣＤ平均は３・７人だが、韓国は２・１人で最低水準だと力説した。しかし、先に見たＯＥＣＤ統計を見ると、２０２１年現在韓国は２・６人で日本と同じ数字だった。大統領が話した２・１人という数字の出所は不明だ。

そのうえ、先に見たように民間経営が多数を占める韓国の医療において、健康保険で診療報酬を決められているなか、競争原理が働くのは診療数だ。韓国の医師は多くの患者を診療することで「薄利多売」方式で赤字を埋めてきた。尹錫悦大統領は触れなかったが、先述のとおりＯＥＣＤ統計を見ると国民１人当たり年間外来診療回数は15・７回で１位、２位は日本が11・１回、ＯＥＣＤ平均は５・９回だった。また、医師１人当たりの年間診療回数は韓国は６１１３回で１位、日本は４２８８回で２位だった。

繰り返すが、韓国の医師たちはＯＥＣＤ平均より半分近く少ない人数でＯＥＣＤ平均の３倍の外来診療を行っている。韓国人患者は世界で一番多く医療サービスを受けることができていることがここからもわかる。

この大統領談話に、若い医師らと医大生らはひどく落胆したという。医師の数を増やせば必須医療科や地方病院にも医師が充当されるという論理だからだ。全体の数が増えれば、行くところのなくなった医師が今、行き手が少ない医療機関にも行くだろうとする、いわゆる医師の落水理論だ。

命に関わる必須医療科で寝食を惜しんで働いている医師らを支えていたのは、目の前の患者の命を救いたいという使命感だった。落水理論は、その医師らに、君たちはカネのもうかる整形外科や皮膚科に行けなかった落ちこぼれだとレッテルを貼ることになった。

尹大統領の主張を裁判所が否定

尹政権は、2000人増員に失望して病院と大学を離れた若い医師、医大生に対して不法な集団行動を行っていると継続して非難してきた。病院に研修医から提出された辞表を受理するなと、大学には医学生が提出した休学届を受理するなと圧力をかけ続けた。

尹錫悦大統領は談話で、2000人増員について国策研究所などの研究結果に基づいて算出し医師団体などと十分に論議したと次のように語った。

2000人という数字は、政府が細かく計算して算出した最小限の増員規模で、これを決定するまでに、医師団体をはじめとする医療界と十分かつ広範な議論を重ねました。現在、韓国の医師数が不足している現実は、常識を持った国民なら誰でも同意するでしょう。実際の研究結果もこれを証明しています。

政府は、国策研究所などでさまざまな方法で研究された医師の人材需給の推計を検討しました。

ところが、ソウル高等裁判所がこの主張が嘘だと断定してしまった。医学生らが増員差し止め仮処分を求めて裁判所に訴え、ソウル高裁は政府に関連資料を提出させて、実質的な審理を行った。仮処分の求めは却下されたが、その決定文では、尹錫悦大統領の２つの主張を事実上、否定した。２０２４年５月16日の「ソウル高等裁判所決定文」の該当箇所を翻訳する。

①政府が２０２５年度から２０００人を増員することを決定したのは、２０３５年に医師が約１万人不足すると展望した３件の報告書を根拠にして、２０３５年までに医師１万人を拡充するためには、医学部の教育課程が６年であることを考慮すると、２０２５年度から毎年２０００人を増員しなければ、２０３１年から毎年２０００人の医師が輩出されないという算術的な計算に帰するものだけで、２０００人という数値それ自体に関する直接的な根拠は特別なものがないものと思え（実態的側面）、

②政府が医学部増員問題に関して医療懸案協議体等を通じて長いこと議論してきたことは事実であるが、上記２０００人という数値が現実的に提示されたのは、増員発表直前の保健医療政策審議委員会が事実上初めてであったと思われるところ（手続き的側面）

２０３５年に医師が１万人足りないという報告書は３つあったが、その報告書やそれ以外の研究などには２０００人増員が必要だとする根拠はなかったと裁判所は言っている。政府が根拠として裁判所に提出した３つの報告書とは、洪潤哲《ホンユンチョル》ソウル大学教授報告書（２０２０年）、ソウル大学産学協力団報告書（２０２３年）、韓国保健社会研究院報告書（２０２０年）だ。たしかにそのどこにも２０００人増員は提案されていない。それどころか洪教授の報告書では１万人足りないという記述さえない。ソ

ウル大学産学協力団報告書には「1万人不足」という記述はあるが、毎年5%ずつ7年間増員を提案していて2000人増員という提案はない。韓国保健社会研究院報告書執筆者は「1万人不足に異見はないが、2000人増員が正しいかは判断できない」と話している。

もう一つの論点である医師らと2000人増員について事前に十分論議したかについては、政府が裁判所に提出した議事録などから、2000人という数字が医師らに示されたのは、政府が2000人増員を発表した2月6日だったことが明らかになった。

尹錫悦大統領の1時間に及ぶ談話の根拠が崩れていることを裁判所が認めたのだ。

若い医師たちの失望

2024年10月、専攻医と医学生が病院と大学を離れてから8か月が経った。依然として専攻医の大部分は病院に戻らず、政府も病院に辞職を認めてもよいと通知した。ただし、医師の集団ストライキは違法だとして警察が専攻医団体の幹部を呼び出して10時間以上の取り調べをして、マスコミのカメラの前に晒していた。

警察署に入る前に取材に応じたある女子医大生は、「マスコミの前で話すことも慣れてはいないので震えます。小児科医師になる夢を持って努力してきたけれどもその夢をあきらめました」とだけ答えた。そのように患者を助けようという使命感を持って努力してきた若い医師と医大生たちが尹錫悦政権の政策に絶望を覚えている。

2024年10月、韓東勳《ハンドンフン》与党代表が悪化する世論に押されて医師、政府、与党、野党の4者協議をしようと提案した。しかし、医師らは来年度入学者定員増を撤回することが協議参加の条件だと明言した。政府は、すでに願書受付が終わっていることを理由に、２０２６年度入学者の定員についてなら議論できるとして、それを拒否したので、協議は失敗した。なんとか事態を解決したいと考えた韓東勳与党代表が、尹錫悦大統領との1対1の面談を申し込んだが、大統領が拒否した。

尹錫悦大統領は他人の話を聞かないことで有名だ。別名「50分」と呼ばれているらしい。1時間面談したら50分話しまくるという意味だ。尹錫悦大統領は大統領になっても上意下達《じょういかたつ》で他人の意見を聞かず、逆らう者は権力を使って圧迫するという検事の行動パターンーンから抜け出していない。

趙甲済氏は２０２４年10月頃から繰り返し、「韓国は今、朝鮮戦争以来最大の人命被害の危機に直面している。無能な尹錫悦大統領が無理やり進めている医学部２０００人増員のために医療システムが重大な打撃を受け、助かるはずの命が助からない事態がすでに始まっており、放置するとそれがどんどん悪化する。２０００人増員を白紙化すれば受験生に混乱が起きるが、５０００万国民の命は助かる。大統領が始めたことだから大統領が撤回するしかない。国民の多数が大統領を引きずり下ろすしかないと思う前に大統領本人が決断してほしい」と警告していた。

尹錫悦大統領は趙甲済氏らの警告を無視して、２０２５年度医学部入学生大増員を強行し、韓国の医療システムを破壊し続けた。そのうえ、12月3日の戒厳布告文で、尹の無謀な定員増決定に反対して辞表を出して大病院を離職した専攻医らに対して「48時間以内に本業に復帰して忠実に勤務し、違反時は戒厳法によって処断する」と脅迫したことは第４章で詳しく書いた。

２０２５年1月になっても、医大生の大部分は大学に戻っていない。専攻医の大部分も戻らない。

2025年になり、尹錫悦大統領が行った「医療改革」の害毒が明らかになってきた。尹錫悦政権の間違った政策の結果、新規専門医が約2000名減り、超過死亡者、すなわち適時かつ効果的な医療措置を受けられなかったために死亡した者が年間6000人にのぼるという推計が出た。

専門医になるための研修を行っていた専攻医が大挙、辞職したため、2025年の新規専門医は例年に比べて約2000人減った。

2025年2月24日に大韓医学界が公表したところによると、2025年の専門医資格試験合格者は509名で、2024年の合格者2727名に比べて2218名減少した。

2024年10月3日、国民健康保険公団が金輪《キムユン》議員（野党「共に民主党」）に提出した資料によると、2024年2月から5月までの4か月間の全国医療機関の外来・入院診療患者は1万1583名で、前年の同じ期間より209名（1・8％）減少した。診療後の死亡患者は7万3507名で、前年同期に比べて2129名（2・9％）増加した。

医療現場の混乱のため、適時に効果的な治療を受けられない患者が大量に発生している状況には変化がないので、尹錫悦政権が医大定員増強行を発表してから1年になる2025年2月までで約6000名の超過死亡者が発生したと推計される（「ハンギョレ新聞」2024年10月3日）。

趙甲済氏は、「年間2000名の医者を増やすと言ったが、むしろ2000人の医者が減った。死ななくてもよかった国民が年間6000人も死ぬという、朝鮮戦争以降、最悪の人命被害が出た」として尹錫悦大統領を厳しく批判している。

第3部 国際関係の中の朝鮮半島

第6章　金正恩はなぜウクライナ侵略戦争に派兵したのか

ウクライナへの北朝鮮参戦

ここまで、北朝鮮住民の大多数が韓国の豊かさと自由さへの憧れを持つに至り、金正恩《キムジョンウン》は金日成《キムイルソン》、金正日《キムジョンイル》が至上課題とした統一を放棄せざるを得ないほど追い込まれていることを見てきた。

本章（第6章）と次章（第7章）では、これまで北朝鮮を支えてきたロシアと中国との関係も、金正恩に不利であることを見ておきたい。

ロシアに急接近しウクライナ戦争に参戦までしたが、プーチンは、金正恩が提供する兵器や兵士の値段に見合う見返りしかしてくれないので、体制危機を挽回できるほどの支援を得ることはできていない。そのうえ、トランプ政権の仲介で2025年前半にも停戦が成立するかもしれない。そうなれば、プーチンは金正恩からの助けが必要なくなり、北朝鮮への支援も大幅に減らすだろう。

プーチンが金正恩を必要にしているのは、ウクライナ戦争で足りなくなった兵器と兵士の補充を北朝鮮から得るためだけだ。利用・被利用の関係だ。世界革命、共産主義世界の完成といった共通の理想と目標が建前としてあった冷戦時代とは異なり、ウクライナ侵略戦争に北朝鮮は何の大義もない。

２０２４年10月、北朝鮮軍戦闘部隊が派兵され、ついに北朝鮮軍がウクライナ戦争に参戦した。第1陣として約1万２０００名が参戦し、年末までに５０００人以上が死傷した。1月に入り2万名が追加派兵されたが、やはり多大な死傷者を出している。２０２５年2月段階で、合計3万２０００人のうち死者５０００人、負傷者５０００人の被害が出たと3月に聞いた。金正恩は停戦が早期に成立することを考慮して、それまでにできるだけ多額の外貨を得ようと考え、大きな犠牲が出ても、２０２５年6月までにあと2万人くらいが派兵さすることを予定していて、その後も戦争が続くなら追加派兵を続け、合計10万名まで出す準備をしていると、２０２５年3月に聞いた。

北朝鮮軍は初戦で惨憺たる被害を出した。11月10日頃までにロシア西部クルスク州で小規模な戦闘に参戦し５００名が死亡、約１０００名が負傷したという。脱北者人権活動家の姜哲煥《カンチョルファン》氏が自身のユーチューブテレビで11月12日にスクープとして伝えた数字だ。私も死亡５２０名、負傷１０００名という情報を得ている。小規模戦闘ですでに死傷者が１５００名にのぼっているのだ。本格的戦闘に参戦すれば、より大きな被害が出ることが予想された。

11月10日、英国ＢＢＣ放送のインタビューに応じたトニー・ラダキン英国国防参謀総長は、２０２２年2月の開戦以降、現在まで発生したロシア兵士の死傷者は合計70万人余りで、２０２４年10月の1か月間で1日平均１５００人が死亡あるいは負傷したことを明らかにした。戦争における死亡者と負傷者の比率はおおよそ1対2だから、死亡者５００人、負傷者１０００人と推計できる。この数字は北朝鮮兵の死傷者数と一致する。すなわち、小規模戦争の段階で北朝鮮兵の死傷者は、前月のロシア兵のウクライナ戦争の戦場全域での1日の死傷者数と同じということになる。

11月20日には、ウクライナ軍の巡航ミサイル攻撃で、なんと死亡500名、負傷1500名という大規模な死傷者が出た。ウクライナ軍がイギリスの提供した巡航ミサイル「ストームシャドウ」を使って行った攻撃で、クルクス州に派兵された北朝鮮軍多連装ロケット砲兵部隊が大きな被害を受けた。ロシア軍との調整のため多連装ロケット砲兵部隊が集合していたところを攻撃された。ロケット砲を撃つ前に壊滅した。

申錦哲《シングムチョル》少将（総参謀部作戦処長）が爆死、李大佐、金中佐などの指揮官が多数死傷し、部隊運営に支障が起きている。申将軍が連れていた女性看護兵（通訳という情報もある）も一緒に死んだ。脱北した元北朝鮮軍人らによると、北朝鮮人民軍の将軍らは戦場に、看護兵という名目で「慰安婦」を帯同することが普通だという。

北朝鮮兵はロシア軍の「弾よけ」

2024年11月段階でロシアに派遣された北朝鮮軍は総参謀部第11軍団の特殊部隊で、そこにテロなどを担当する偵察総局から500名が加わり合計約1万2000人、金英福《キムヨンブク》副総参謀長、李昌浩《リチャンホ》副総参謀長兼偵察総局長、申錦哲少将ら将軍3人に加え、将校約500人が含まれているという。「暴風軍団」と呼ばれる特殊部隊軍団である第11軍団長出身の金英福副総参謀長が派遣軍の統括役を担っている。ロシア軍の軍服を着てロシア軍司令官の指揮の下で参戦している。ロシア軍1中隊に北朝鮮軍1小隊が付く。

通常、海外に派兵する場合、その国の軍の指揮体系を維持し、自国の軍服を着て戦う。ところが、北朝鮮軍はロシア軍の軍服を着せられ、ロシア軍の指揮体系に属し、言われたとおりに動いている。後述のとおり韓国国防部長官は「弾よけの傭兵」と言ったが、「傭兵」なら本人が高額の参戦代価を受け取る。

ロシアは派兵された北朝鮮将兵に対して月給は兵士に2000ドル、将校に2500ドルを支払う。死亡時の補償は3万ドルを支払う。ロシアから見れば傭兵だ。先に見たように、11月段階で5000名近くの死傷者が出た。ロシア軍は北朝鮮軍を消耗品として使っている。だから、報酬はかなり良い。傭兵なら、報酬は本人か家族に渡らなければならない。ところが、これらの報酬はすべて金正恩の統治資金に入っているという。私にこの情報を伝えた北朝鮮関係者も「あまりにひどい」と語っていた。

ロシアが払う代価は兵士ではなく金正恩が受け取る。金正恩が兵士らの命をプーチンに売ったのだ。より悪辣なことに、金正恩はその代金を、飢える北朝鮮住民を助けることに使わず、原潜や最新戦闘機などの軍事支援を得ることに使おうとしている。

ロシア軍はトランプの当選を受けて早い段階での停戦が成立する可能性を視野に入れ、ウクライナ軍に占領されているクルクス州の一部地域の奪還に力を入れた。その戦闘に北朝鮮軍が投入され、多数の被害を受けているのだ。再度書くが、ロシアと北朝鮮の関係は共通の敵と戦う同盟と言うより、武器と兵士の提供を金額換算してそれに見合うカネや軍事技術を含むモノを出すという利用・被利用のドライな関係だ。

金正恩は、停戦になればその関係が終わることをよく知っている。それまでの間に、どうしても欲しい原子力潜水艦、最新戦闘機などをもらいたいと考えている。

一方、派兵軍に多数の死傷者が出れば、北朝鮮社会が大きく動揺し、また戦場で脱走兵が多数出る危険があることも承知している。しかし、停戦になるまでの数か月、とにかく傭兵として軍隊を出して、その報酬の大部分を自分のものとしてプーチンに原潜と戦闘機をくれと迫るつもりだ。

２０２４年11月の米国大統領選挙でトランプが圧勝した。２０２５年1月に第2次トランプ政権が発足した。トランプはウクライナ戦争の早期停戦実現を繰り返し語ってきた。停戦が実現すれば、プーチンは金正恩の助けは必要なくなる。そのことをよく知っている金正恩は焦って、駆け込み的に自分の兵士らの命を売り渡した。だから、ロシアとの急接近は金正恩政権の体制危機を救う手段にはならない。

脱走者対策の「射殺組」

金正恩は、大量の死傷者が出ることを承知のうえで派兵した。２０２４年10月末、金正恩は、ウクライナ派兵を準備している兵士らに人民軍総政治局を通じて秘密指示文「党と首領のために死ぬことは栄光だと考えろ」を伝えた。

11月初め、金正恩がウクライナに派遣した金英福副総参謀長に「わが国には捕虜は必要ない。死によって党中央委員会を死守する英雄だけが人民軍全体の将兵にいるだけだ」という特別指示を伝えたという。

金正恩は、派兵される北朝鮮兵士らが同僚の死傷に直面し、集団脱走を企てる可能性を想定している。後述のとおり、2023年、極秘で実施した特殊部隊隊員に対する思想調査では、ウクライナ戦争に派兵されたら指揮官を射殺して脱走すると内心考えている者が予想以上に多かったからだ。そこで、脱走者をその場で射殺する「射殺組」も一緒に送っている。人民軍保衛局（旧保衛司令部・軍の情報機関）から射殺部隊が大挙、派遣されているという。

人民軍総政治局は派兵する兵士に、「捕虜になることは恥だ、ただ領導者と共和国の名誉のために少しも躊躇せずに犠牲になることが兵士の道だ」と教育している。

スマートフォンがロシア軍から1人1台支給され、兵士らは暇さえあれば日本のポルノをはじめとする外部映像を見ている。国家保衛省は彼らを厳しく検閲することを考えているが、現在は戦争中なので兵士らを刺激できないため、放置している。戦闘中の銃器事故、自軍への射撃、逃亡者射殺が毎日1、2件発生している。

韓国の金龍顕《キムヨンヒョン》国防部長官は、2024年10月24日、国会国防委員会で、以下のように語った。

（韓国）軍の判断は、言葉こそ派兵だが、派兵ではなく傭兵という表現のほうが適切だというもの。通常、派兵されれば、その国の軍の指揮体系を維持し、軍服、標識、国旗をつけて誇りをもって活動する。（しかし）北朝鮮はロシアの軍服で偽装し、ロシア軍の統制下で何らの作戦権限もなく、言われたとおりに動いている。（だから北朝鮮軍は）「弾よけの傭兵」に過ぎないと評価する。

金正恩が自分の人民軍を違法な侵略戦争に売り渡した。

金長官はまた、「(6月の朝ロ首脳)会談前は武器を支援していた。ミサイルと砲弾が中心で、砲弾は約１０００万発が支援された。会談以降、少しずつ派兵が行われてきた」とも語った。

派兵ではなく弾よけの傭兵というこの発言は正しい。派兵されたのは特殊作戦軍「暴風軍団」だと言われる。同軍団は２０１７年に11軍団を基盤として作られ、平安南道《ピョンアンナムド》の徳川《トクチョン》に本部があり、８万から10万人という。「軽歩兵部隊」「狙撃旅団」「航空陸戦部隊」の３つから構成される。ポンゲ(稲妻)と呼ばれる「軽歩兵部隊」は山岳地帯を行軍し、敵の後方を攪乱する部隊、ピョラク(雷)と呼ばれる「狙撃旅団」は軽歩兵部隊よりも小部隊で、より特殊な作戦・非正規戦争的な作戦を主任務とする。ウレ(雷鳴)と呼ばれる「航空陸戦部隊」は空挺部隊でヘリコプターや航空機からの落下傘降下で敵陣深く浸透する部隊だ。

ウクライナ戦争の現況では空挺部隊は使えず、「狙撃旅団」は虎の子部隊だから、派兵されたのは「軽歩兵部隊」だと思われる。全部が特殊部隊ではなく、一部は一般部隊から体格の良い者が選ばれたという情報もある。後述の、先に派兵されていた３０００人の工兵部隊が実戦に回されたという見方もある。

「狙撃旅団」は朝鮮半島の南北に連なる山岳地帯を行軍する訓練を受けてきたが、ウクライナ戦争は平地が戦場であり、彼らの能力が発揮できる地理的要件が存在しない。

現在、ロシア軍は見通しの良い平野の前線に兵を出しウクライナ軍が砲撃やドローンからの爆弾投下で攻撃を加えると、逆算してウクライナ軍の展開している地点を把握し、砲撃や爆撃を加えるという形で戦争を遂行している。だから、ロシア軍の死傷者が1日1500人にのぼっているのだ。この一番危険な前線に北朝鮮兵士らが出されることになるのではないか。「弾よけの傭兵」という韓国国防部長官の発言はその意味で正しい。

朝鮮半島での局地戦を想定

私はウクライナ戦争開戦時から、北朝鮮とロシアの急接近について独自情報を多数入手してきた。北朝鮮軍派兵についても、工兵部隊が2024年5月に1500人、8月に1500人すでに派兵されているという独自情報を実戦部隊派兵の前に早い段階で得ている。

2024年11月の実戦部隊参戦にいたるまでの、ロシアのウクライナ侵略と金正恩政権の関係を、独自情報を中心に概観する。

ウクライナへのロシアによる侵略戦争は北朝鮮にも大きな影響を与えた。

2022年2月、ウクライナ戦争開戦時にプーチン、習近平、金正恩の3悪人が結託して世界の平和に挑戦する恐ろしい陰謀を進めていた。

私が入手した情報によると、ロシア大統領プーチンは開戦前に金正恩に対して、「1週間以内にウクライナを占領する計画だ」と通報した。ウクライナがこれほど英雄的に抗戦するとは想像していなかったのだ。プーチンが早期に戦争で勝利できると考えていたことは公開情報でも明らかになっているが、北朝鮮内部情報でもそれが裏打ちされたと言える。

また、ロシアが計画どおり1週間で戦争に勝利すれば、中国が台湾との戦争に突入し、北朝鮮は米

西海5島

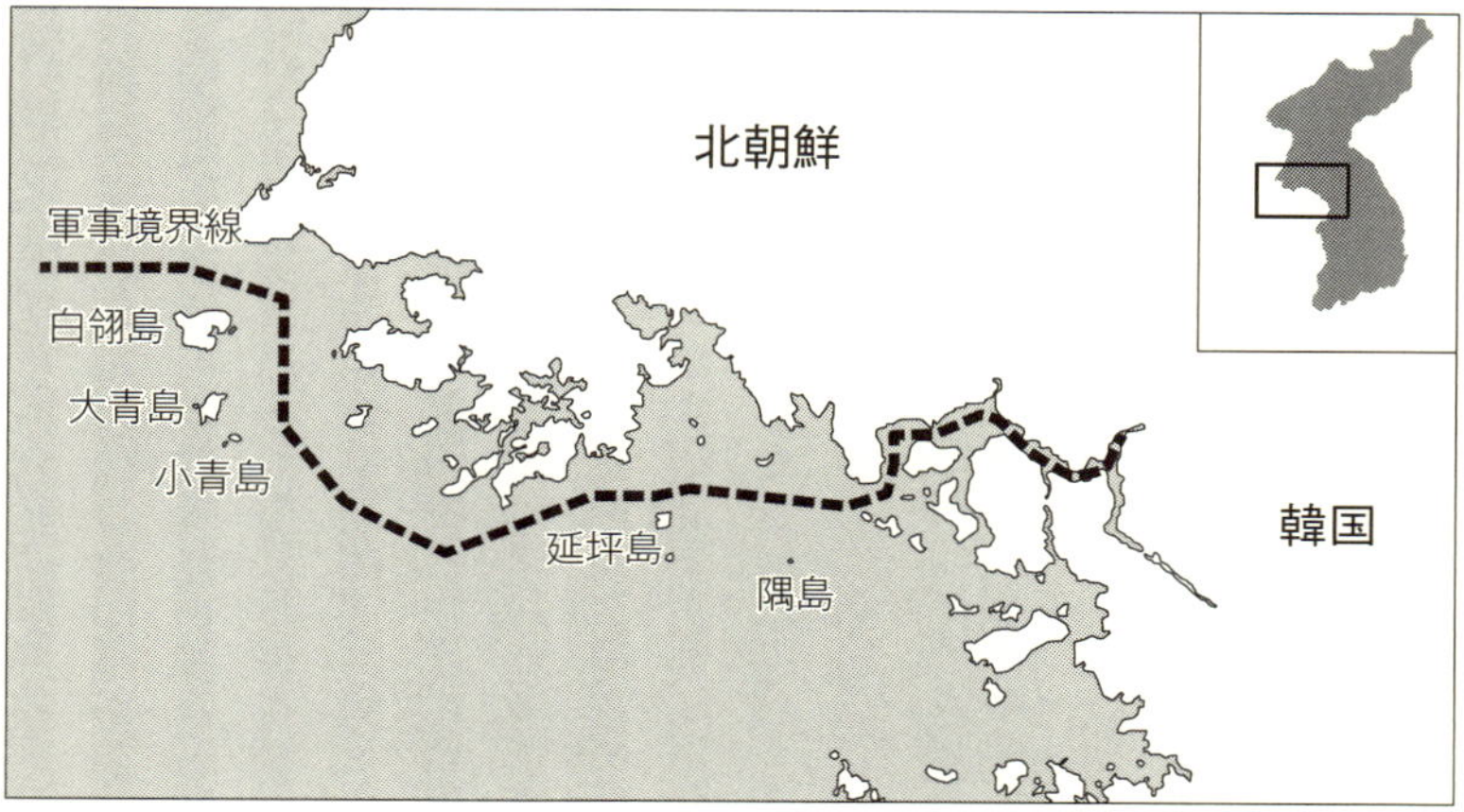

軍を攪乱する局地戦を行うことが謀議されていたという。中国は、早ければ２０２２年末か２０２３年に台湾侵略を計画していた。その作戦にあたって中国が北朝鮮に対して、朝鮮半島で局地戦を起こして米軍を攪乱してほしいと依頼していたという。

中国の台湾侵略と同時に北朝鮮人民軍は西海5島（黄海の軍事境界線近くにある延坪島《ヨンピョンド》、白翎島《ペンニョンド》、大青島《テチョンド》、小青島《ソチョンド》、隅《ウ》島《ド》）地域での局地戦を検討していた。5島を同時に攻める作戦や白翎島を攻める作戦などが案として上がっていた。北朝鮮からすると5島は喉に刺さったとげであり、機会があれば占領したいと狙っていたからだ。

ところが、プーチンの当初の目論見に反して戦争が長引いている。そのため、中国の台湾侵攻も計画修正が不可避で、北朝鮮も中国の戦争に加担したら自分たちだけが損害を受けると考えるようになった。つまり、ウクライナの英雄的な抗戦が東アジアの平和を守ったのだ。

この情報の裏付けがとれた。月刊「正論」２０２２年6月号掲載の座談会で、矢板明夫産経新聞台北支局長

（当時）がロシア側の内部情報としてほぼ同じことを伝えていた。矢板氏の発言を引用する。

ロシア側の内部情報によると、習近平は今秋に台湾侵攻することを考えていたと言います。ウクライナが二、三日で制圧されたら、同じように台湾もやれる、と習近平は選択肢の一つとして考えていたのだと思います。（略）

しかし現在、ロシアは思いのほか苦戦しています。ウクライナの非常に強い抵抗に遭うし、国際社会がこれほどウクライナを支援するとはプーチンも習近平も考えていなかったはずです。習近平の引き出しの中には台湾侵攻のA案、B案……といろいろあると思いますが全部いったん破棄してもう一度計画を練り直す必要があり、それには相当な時間がかかるでしょう。習近平の台湾攻略の野望が今回の失敗・苦戦によって完全に白紙に戻った、ということが中国への最大の影響になるでしょう。

私が入手した北朝鮮内部情報と矢板氏が入手したロシア情報がほぼ一致したので、この情報はまず間違いないと言えるだろう。

ウクライナでの戦闘結果に関心

金正恩政権は開戦直後からウクライナ戦争に高い関心を持っていた。第1の理由は、北朝鮮の軍隊がロシアの兵器、より正確に言うと旧ソ連製の兵器で武装しているからだ。ロシア軍の戦いぶりによって朝鮮人民軍の戦闘力が試されているという側面がある。

2022年2月、ロシア軍がウクライナへの大規模な侵略戦争を開始したとき、金正恩は朝鮮人民軍参観団をロシア軍に随行させた。人民軍の偵察総局と総参謀本部から合計20人程度が派遣されたと聞いた。ロシア軍の装備とウクライナに提供された西側の兵器の実戦での状況を検討し、戦争過程を把握し北朝鮮に適用することが目的だ。

その結果、肩担ぎ型の対戦車ロケット「ジャブリン」やドローンなどによってロシア軍がつぎつぎと大きな被害を受ける場面が平壌に報告された。

それとは別に、ウクライナに駐在する保衛省や人民軍偵察総局などの要員が40人くらいいて、彼らも戦況を逐次平壌に報告している。後者から開戦直後に平壌に伝えられた内容は次のとおりだという。

ロシア軍兵士らの士気がきわめて低い。当初は、ウクライナ人はロシア軍を歓迎すると教えられていたが、激しい抵抗に遭って驚き、そのうえロシア軍の補給が満足になされないことなどにより士気低下が極大化している。その結果、多数のロシア兵士が戦場から逃げている。逃げたロシア兵士をウクライナ人は虐待せず、むしろ車に乗せて運ぶ、食糧などを与えるなどして助けている。逃亡した兵士らに置き去りにされたロシア軍の車両がなんと1700台くらいもあり、そこには戦車200台から300台も含まれる。

士気の面でも、南北で戦争が始まった場合、北朝鮮軍兵士はほぼ全員、韓国ドラマを見ているので、やはりロシア兵と同じく士気が低く脱走者が多数出るだろうと恐れている。

それらの報告を聞いて、金正恩と人民軍首脳部は軍事大国と言われていたロシア軍の意外な弱さに当惑している。

第3章で見たが、ロシア陸軍のウクライナへの奇襲攻撃失敗は、北朝鮮の軍事戦略を根底から覆す大事件だった。北朝鮮が韓国を武力で併呑するためには奇襲南進してソウルをはじめ韓国の大部分を占領し、核ミサイルで米国を脅して早期介入を防ぐという作戦しかない。ところが、ロシア陸軍のウクライナ奇襲は、NATO（北大西洋条約機構）が介入しなかったにもかかわらず、首都キーウ占領に失敗した。ロシア軍が持つ兵器の大部分は旧ソ連製だが、北朝鮮軍はそれらより古い型の旧ソ連製兵器しか持っていない。それでは米軍の介入なしでも韓国軍にかなわない。

金正恩はロシアの軍事力を信頼していたので失望が大きい。金正恩は大きな不安を覚えていた。ロシアの敗退で朝鮮人民軍の実態がわかり、恐怖が大きくなっている。金正恩は人民軍に戦争準備を再点検せよと命令した。ロシア軍の軍用倉庫の備蓄物資が、軍関係者の横流しのため、かなり少なくなっていたという報道があるが、そのことを聞いた金正恩は、人民軍の備蓄物資の検閲を命じた。

私は10年くらい前、戦争備蓄用の石油地下タンクの管理人が石油を盗んでいるという話を聞いた。生活が苦しいので、管理人は少しずつ石油を抜いてチャンマダン（市場）で売って生計を維持していたというのだ。

ばれないように抜いた量と同じ量の水を足していたので、戦争になったら水で薄まった石油のせいで戦車や装甲車がすぐエンジントラブルを起こすはずだと、その情報を伝えてくれた元人民軍将校の脱北者が私に語った。

それから10年近く経って、軍人を含む人々の生活は経済制裁の影響で顕著に悪化している。それぞれが生き残るため、自分が管理している軍や国家の物資を盗むことがいよいよ激しくなっているはずだ。今回、戦争物資の検閲で、また多くの人々が処刑されるのではないかと、暗い気持ちになる。

石油が見返りの兵器貿易

奇襲攻撃による首都占領という当初の戦争計画に失敗したプーチンは、ウクライナの東部と南部を占領し、ＮＡＴＯから大規模な兵器支援を受けるウクライナ軍と激しい戦闘を繰り返している。戦争は長期化し、ロシア軍は深刻な砲弾等の兵器不足、兵員不足に直面した。

ロシアは開戦から1か月後の２０２２年3月に、ショイグ国防相（当時）を中国に極秘で派遣した。そこで、ショイグ国防相は中国と北朝鮮にミサイルや砲弾の支援を求めたが、中国はそれを拒否した。北朝鮮はショイグ入国をコロナによる国境封鎖を理由に断り、朝鮮人民軍代表団が北京を訪問して秘密会談を持った。ロシア側は北朝鮮に特殊部隊派兵とミサイル提供を要請したが、北朝鮮はその場では承諾せず継続して話し合おうと回答した。

２０２２年10月1日、ハバロフスクで北朝鮮人民軍とロシア国防省高官の秘密会談が開かれた。北朝鮮からは李泰燮《イテソプ》総参謀長らが参加した。そこで北朝鮮は、砲弾や冬用軍服などの提供と、米軍を引きつけるため軍事緊張を高めることを約束し、見返りとして年間10万トンの精製された石油（ガソリン、軽油、ジェット燃料など）と小麦粉などをもらう取引が成立した。

２０２２年後半から、かなりの量の石油が、ロシアのナホトカ港から船で北朝鮮の羅津《ラジン》港に運び込まれた。ナホトカにはシベリアからパイプラインで石油が運ばれ、石油タンクに保管されている。燃料不足でこれまで満足に空軍演習をすることができなかった北朝鮮が同年11月、約２００機の軍用機を飛ばして大規模な空軍演習を行い、約束どおり緊張を高めたのはロシアから提供されたジェット燃料のおかげだという。ただし、そのうち一部の軍用機が部品不足などの理由で墜落したり不時着したという。

第3章で見たように同年9月25日から10月9日には「戦術核運用部隊の軍事訓練」だとしてミサイル発射が繰り返された。これも、ロシアの依頼に応えたという側面もある。

北朝鮮は砲弾、ミサイル、小銃、冬用軍服などを大規模に支援した。ロシアは見返りとして受け取った兵器などの代金を計算し、それに見合う外貨、精製石油、小麦粉などを北朝鮮に提供した。最初から兵器貿易だった。支援ではなく代価の支払いだ。提供された小麦粉の量について２０２３年30万トン、２０２４年20万トン（うち10万トンは水害支援物資）という数字を北朝鮮につながる筋から聞いた。砲弾などを生産する兵器工場労働者、平壌市民、人民軍兵士らに小麦粉は回された。

北朝鮮が提供した砲弾は、１９６０年代から１９８０年代までソ連からもらったソ連製の２２０ミリと１２０ミリ砲弾だった。地下倉庫に長期間保管されていたため、湿気などのため不発が多い。ウクライナの戦場でも不発率５割以上だった。

「自由北韓放送」金聖玟代表が北朝鮮内部の協力者を通じて入手したロシア産小麦粉の写真。2023年下半期、国営の糧穀販売所で売られていたロシア産小麦粉。袋に流通期間2022年５月と印刷されていた。

常任理事国ロシアが国連軍と交戦

2023年7月27日、朝鮮戦争「戦勝」70周年記念閲兵式（北朝鮮では停戦ではなく戦勝と呼ぶ）にショイグ国防相が訪朝した。彼が持参した祝賀メッセージでプーチン大統領は朝鮮戦争にソ連軍パイロットが参戦していたことを初めて次のように認めた。

　数万回の戦闘飛行を遂行した飛行士を含むソ連の軍人も、朝鮮の愛国者とともに肩を組んで戦いながら、敵の撃滅に重みのある寄与をした。

たしかにソ連は、朝鮮戦争で多数のパイロットを北朝鮮に送り、中国軍服を着せて中国軍のミグ戦闘機に搭乗させ、参戦させた。これは事実だが、これまではその事実は極秘とされ、ソ連政府はもちろん、ロシア政府も参戦を認めたことはなかった。それどころか、参戦を全力で隠蔽していた。朝鮮戦争当時、参戦の露呈を恐れて、黄海に落ちたソ連パイロットを米軍がヘリコプターで救出しようとしたとき、ミグ戦闘機が現れて銃撃したことさえあったという（R・P・ハリオン『朝鮮半島空戦記』朝日ソノラマ・1990年）。

それではなぜ、このタイミングでわざわざ、それもプーチン大統領みずからが秘密を公開したのか。プーチンは「ソ連の軍人も、朝鮮の愛国者とともに肩を組んで戦いながら、敵の撃滅に重みのある寄与をした」と言っている。ここで「敵」とは国連軍である。国連安保理は1950年6月27日、北朝鮮の奇襲南侵を侵略と断定して、国連軍を組織して「武力攻撃を撃退」することを決めた。ソ連はそのとき、欠席して拒否権を行使しなかった。朝鮮戦争は休戦中だから現在も同決議は有効で、日本には今も国連軍後方司令部がある。

世界の安全と平和に責任がある国連安保理の常任理事国であるロシアは、公然とウクライナに侵略戦争を仕掛けた。国連憲章の明確な違反だ。プーチンはそのことを自覚しているので、開き直った心情で国連軍に対してソ連軍が戦ったという過去をここで明らかにしたのではないか。

プーチンからの派兵要請

先にあげたメッセージを含む、プーチン大統領が朝鮮戦争「戦勝」70周年記念報告大会の参加者に寄せた祝辞の内容は、「朝鮮中央通信」（２０２３年7月28日）によると、次のとおり。

尊敬する金正恩閣下、

親愛なる友人、

祖国解放戦争（朝鮮戦争）での朝鮮人民の勝利70周年に際して心からの祝賀を送る。

１９５０年～１９５３年の苛烈な戦闘で朝鮮人民軍軍人は最高司令官金日成同志の指導の下ですべての試練を克服し、集団的英雄主義を発揮して祖国の自由と独立を守り抜いた。

数万回の戦闘飛行を遂行した飛行士を含むソ連の軍人も、朝鮮の愛国者とともに肩を組んで戦いながら、敵の撃滅に重みのある寄与をした。

この過程に結ばれた戦闘的友誼の歴史的経験は、高貴な価値を有しており、政治と経済、安全分野においてロシアと朝鮮民主主義人民共和国の連携をよりいっそう発展させるための頼もしい基礎となっている。

　現時代の脅威と挑戦に直面して友好と善隣、相互援助の誇らしい伝統を重んじ、豊かにしていくのは、特別に重要である。

　対ウクライナ特殊軍事作戦に対する朝鮮民主主義人民共和国の確固たる支持とかなめの国際問題におけるロシアとの連帯は、国際法の優位と安全の不可分、国家の自主権と民族的利益の尊重に基づいた真に多極化され、正義の世界秩序の確立を阻害する西側集団の政策に立ち向かっていこうとするわれわれの共通の利害関係と決心を浮き彫りにさせている。

　金正恩閣下、
　あなたが健康であることと、友好的な朝鮮人民の福利のための責任ある活動で成果を収めることを願う。

　すべての記念報告大会の参加者に福利と平和があることを願う。


　プーチンには狙いがあった。祝辞を北朝鮮に持参したショイグ国防相は、金正恩委員長や朝鮮軍最高幹部らと相次いで面会して、ウクライナ戦争への朝鮮人民軍特殊部隊10万人の派兵を求めた。70年前にロシア（ソ連）がおまえたちを助けるために派兵したのだから、今回は朝鮮軍がウクライナに来て、「ともに肩を組んで戦」うべきだという圧力を加える意図があったのだ。

　ショイグ国防相は不発率の低い新しい砲弾などの兵器提供と特殊部隊10万人の派兵を求めたが、この時も金正恩は回答を引き延ばして派兵の決断をしなかった。結局、自動小銃、砲弾、ロケット砲弾、地雷、冬用軍服などを提供し、その代金として、小麦粉や精製石油に加えて天然ガスなどを提供することで合意した。

２０２３年９月、金正恩がロシアを訪問した。そのとき、驚いたことに常習的に会合に遅刻するプーチンが金正恩より先に会談場に来て待機していた。それだけ北朝鮮からの兵器支援と派兵が欲しかったのだろう。首脳会談で、金正恩は軍事偵察衛星、原潜、最新戦闘機などを求め、プーチンは特殊部隊10万の派兵を求めた。結果として、軍事偵察衛星提供と発射技術支援だけが合意された。それ以外は継続して協議することになった。

金正恩が特殊部隊派兵に応じなかった理由は、人民軍総政治局が秘密裏に行った隊員の思想状況調査の結果、派兵した場合、多くの部隊で上官を殺して逃亡する危険性が高いことが判明したからだった。彼らは配給で食べたことのないチャンマダン（市場）世代で、党への忠誠心が低く、韓国ドラマを見て韓国への憧れを持っている。

ゴミのような兵器がロシア軍に

２０２３年10月18日、19日にラブロフ外相が北朝鮮を訪問したとき、ロシアの偵察衛星の技術者５～６人が一緒に北朝鮮に入った。

２０２３年５月と８月、北朝鮮は軍事偵察衛星打ち上げに失敗した。衛星も打ち上げロケットや制御装置も北朝鮮製を使ったためだった。

11月の打ち上げ成功は、ロシアから打ち上げロケットや制御装置、解像度の高い撮影装置を積んだ衛星をもらい、ロシア技術者の指導があったからだ。その衛星は現在も、解像度の高い衛星写真を送ってきていると聞いた。

2023年末までにロシアから3基の解像度が高い撮影装置をもらったので、金正恩が2024年中に3基打ち上げると公表した。ただし、ロシアは兵器の代金では額が足りないという理由で、ロケット、制御装置、衛星は追加で出していない。

2024年5月27日、北朝鮮産の衛星を北朝鮮産のロケットと北朝鮮産制御装置を使って打ち上げ、失敗した。ロシアからもらった解像度の高い撮影装置は失敗を恐れて積まなかった。

北朝鮮はロシアに追加支援を頼んだが、ロシアは、代わりに外貨か質の良い兵器を提供せよと要求して拒否した。ロシアからの追加支援がなければ、衛星発射を近い将来行うことは困難だという。

2024年に入り、北朝鮮がこれまで提供した兵器の不良率があまりにも高いので、ロシアの北朝鮮に対する期待が下がった。北朝鮮は当初、ロシアに2010年以前に生産した古い兵器を提供した。2010年に北朝鮮はCNC旋盤を導入し、その後、兵器の質は一定程度良くなった。だが、それ以前に生産された砲弾、弾薬は不良品だらけでゴミのようなものだ。金正恩はそのゴミのような兵器をロシアに提供した。北朝鮮としては兵器庫が空になれば有事に困るので、どうせ戦争では使えない古いゴミ兵器を出した。

その結果、北朝鮮の兵器を使ったロシア軍の不満が高まった。2024年前半にロシア軍は北朝鮮が提供したゴミのような兵器を使わず処分したという。同年5月にロシアのショイグ国防相が解任された理由の一つが、北朝鮮から不良品の兵器を輸入したことだった。北朝鮮はショイグに「喜び組」までつけて接待していた。ゴミのような兵器を高く売るための接待だ。

派兵と引き換えのプーチン訪朝

プーチン大統領が2024年6月19日、訪朝し、金正恩と首脳会談を持ち「朝ロ間の包括的かつ戦略的なパートナーシップに関する条約」に署名した。金正恩は前日夜8時頃から平壌の空港でプーチンを待っていたが、プーチンは約束時間を大幅に遅れて深夜2時過ぎに到着した。

先述のとおり、2023年9月に金正恩が訪ロしたときは、プーチンが先に来て待っていた。プーチンはウクライナ戦争で不足する砲弾をどうしても金正恩からもらいたかったのだ。だから、金正恩を歓待した。それから9か月が経って2人の関係は逆転した。金正恩がプーチンの訪朝を強く望み、2024年1月に崔善姫《チェソンヒ》外相をモスクワに派遣して、「都合の良い時期に間違いなく招待に応じる」(大統領報道官)との答えを得ていた。

プーチンが2024年5月に訪中したとき、北朝鮮はその足で訪朝することを強く希望したが実現しなかった。プーチンは北朝鮮のすぐ近くのハルビンまで来ていたのに、平壌には来なかった。先に述べたように、北朝鮮が提供した兵器の不良率があまりにも高いので、プーチンの北朝鮮に対する期待が下がっていたからだ。

プーチンが2024年6月に訪朝したのは、金正恩がウクライナ戦争に北朝鮮軍を派兵したからだった。私が情報源から聞いたところによると、5月初めに北朝鮮軍工兵部隊の3大隊、1500人がウクライナ戦争に送られた。ハルキウのロシア占領地域の復旧工事に携わるという名目で私服を着て送られたが、実際には工事に携わらず戦闘に加わる可能性もあったという。8月に第2陣としてやはり工兵が3大隊、1500人送られた。年末までに1万人まで増派すると金正恩が約束したようだ。それで、プーチン訪朝が実現した。10月から始まった戦闘部隊の派兵はこの約束の履行だった。

条約に、「双方のうち、一方が個別的な国家、または複数の国家から武力侵攻を受けて戦争状態に瀕する場合、他方は国連憲章第51条と朝鮮民主主義人民共和国とロシア連邦の法に準じて遅滞なく自国が保有しているすべての手段で軍事的およびその他の援助を提供する」という条項が入ったのも、北朝鮮が派兵に踏み切ったことが背景にある。

プーチンはけっして無償支援はしない。提供した砲弾の値段を計算してそれに見合うものを出すだけだ。ところが、繰り返すが、砲弾は不良品が多く、ロシアはもはや受け取らない。そこで、派兵せざるを得なくなった。先述のとおり、ロシアは北朝鮮に参戦する兵士1人当たり月給1500〜2000ドルを払う。つまり傭兵だ。その外貨は軍人本人や家族には渡らず、北朝鮮当局が受け取る。兵士の命と引き換えに外貨を得て、それで先端兵器をもらおうという算段なのだ。ただし、訪朝したプーチンは原潜や戦闘機提供を求めた金正恩に対して確答しなかった。

金正恩はウクライナ戦争が停戦することを恐れ、それまでに原潜や最新戦闘機がどうしても欲しくて、渋っていた戦闘部隊の派兵に踏み切ったのだ。弾よけの傭兵であることを承知の上で、兵士らの命で先端兵器を買おうとしている。

北朝鮮兵の死傷者数が深刻に

２０２４年12月から２０２５年1月初めにかけてロシアのウクライナ侵略戦争に派兵された北朝鮮軍の死傷者が急増した。ウクライナのゼレンスキー大統領は２０２５年1月5日、北朝鮮軍３８００人が死傷したと語った。米国ホワイトハウスのジョン・カービー戦略広報担当調整官は12月27日に１０００人以上の死傷者が発生したと明らかにした。カービー氏は、「北朝鮮軍はとても強く洗脳されているように見えて、無謀な攻撃を続けている。また、捕虜になる場合、残る家族が報復を受けると恐れて、ウクライナ軍に降伏する代わりに自殺している」と語った。

私は12月上旬段階で死傷者が５０００人に近づいているという、次のような話を北朝鮮の派兵に詳しい関係者から聞いた。

北朝鮮軍が実戦に投入され、莫大な死傷者が発生している。ロシア側は自国兵士の犠牲を最小化するため、北朝鮮兵士を弾よけとして使っている。北朝鮮側はそれに対して意見さえ言えない状況で、兵士らの不満が高まっている。12月上旬までに死傷者は派兵された1万２０００人のうち５０００人に近づいた。

12月中旬から1月上旬にかけて死傷者が多数出ているので、死傷者が５０００人を超えていることは間違いない。

ゼレンスキー大統領は、「クルスク州マフノフカ村の近隣で（1月）３、４日、ロシア軍が北朝鮮軍の歩兵とロシア落下傘部隊から成る1個大隊を失った」と述べたが、私の情報でも北朝鮮軍の1個大隊約４００人が死傷したという。派兵されている北朝鮮の1個大隊は３個中隊で構成されており、１

個中隊に兵士120から130人が属しているという。それ以外に将校らもいるので、合計400人程度が死傷したことになる。

関係者によると、「死傷者が出るとそれを埋める追加派兵が行われ、全体で10万人程度送る準備をしている」という。金正恩は、死傷者が出るとロシアから補償金が出るので、多数の死傷が出ることを内心、望んでいるらしい。

崔善姫外相が2024年10月末から11月初めに訪ロしたとき、ロシアは戦争終了後に偵察衛星（発射ロケット、制御装置を含む）、次に平壌の防空網、原子力潜水艦、最新鋭戦闘機の提供を約束したという。しかし、北朝鮮側ではそれがほんとうに実行されるか、疑う者が多い。

12月にロシアは北朝鮮に防空ミサイル「S400」を2セット提供した。平壌の防空のために使うという。この防空ミサイルはすでに中国とトルコが買っている。1セット1兆ウォンだという。ただし、平壌を守るためには最低5セット必要だというから、これでは十分とは言えない。

金正恩は次に、最優先で中古の原潜をもらいたがっているらしい。プーチン大統領が崔善姫に戦争が終わったらやると約束したが、それが守られるかどうか、金正恩を含む北朝鮮幹部は疑問視していると聞いた。

トランプ政権発足によりウクライナ戦争が早期に停戦する可能性が高まっており、金正恩はそのことを前提に危険な戦場につぎつぎと自国の若者を送り、死傷させることで外貨を稼ぎ、自分を守る兵器を買おうとしている。極悪非道な独裁者だと言わざるを得ない。

本章の最後に、北朝鮮軍のウクライナ侵略戦争への参戦について、新しい情報を得たので書いておく。先述のとおり、２０２４年10月に1万２０００名が派兵されたが、２０２５年1月の段階でその約半分の５０００名以上が死傷した。金正恩は1月に追加で2万名を派兵した。２０２５年上半期までに合計5万名まで、それ以降も戦争が続けば合計10万名まで増派する準備をしているという。

金正恩は停戦後もロシアから外貨を得るべく、工兵部隊の派兵も準備しているという。ロシアが占領しているウクライナ東部地域での復旧建設現場に投入するという。こちらも10万名まで出すという。停戦が終わっても兵士らを奴隷労働させて外貨を稼ごうと考えているのだ。このことを伝えた情報源も、先に書いたように、「あまりにひどい」と心情を吐露した。

２０２５年3月8日、北朝鮮の「労働新聞」などが、北朝鮮の金正恩が「重要造船所」を訪問して「原子力戦略誘導弾潜水艦」の建造実態を現地で確かめたと報道した。北朝鮮は２０２1年の労働党大会で決めた「国防5か年計画」で原子力潜水艦の建造を目標に掲げている。報道には建造中の原子力潜水艦と見えるものの写真も含まれていた。

北朝鮮が核ミサイルを搭載する原潜を保有すれば、射程の長い大陸間弾道ミサイルを使わなくても米国本土を核攻撃できるし、地上に配備している核ミサイルを韓国軍に破壊されても韓国を核攻撃できる。朝鮮半島をめぐる戦略バランスを変える脅威となる。

北朝鮮の原潜建造についての新情報についても書いておく。

金正恩が訪問したのは従来、潜水艦建造を行ってきた新浦《シンポ》造船所ではなく、清津《チョンジ》造船所だ。同造船所で最近、1万トンクラスの原潜建造が始まった。ロシアとの国境から近いという理由で清津造船所が選ばれたという。

ただし、ロシアから正式に技術提供があったのではない。本章で書いてきたように、金正恩は繰り返しプーチンに潜水艦発射核ミサイルを搭載する原子力潜水艦の提供を迫ってきたが、プーチンは回答を先延ばしにしてきた。金正恩は業を煮やし、2025年に入り中古原潜の提供を求めた。プーチンは、中古原潜はコントロールに技術と資金が必要で、事故を起こしたら大変な被害が出るからと断り、新品の原潜を買うと言うなら売ると通告した。かなり高額で金正恩は外貨不足で買えないと判断した。

そこで北朝鮮は、ロシアの原潜技術者を個別に買収して技術を盗むことにした。ウクライナ戦争前に北朝鮮のスパイ7〜8人がロシアの原潜技術を盗もうとして逮捕された。当時ロシア政府は、軍事技術への北朝鮮スパイの接近を厳格に取り締まっていた。2023年、金正恩が訪ロしてプーチンと会談した後、彼らは釈放された。ロシアの技術者らも最近の朝ロ関係の改善を背景にして、北朝鮮に技術を密売しても厳罰には処されないだろうと思うようになっていて、それを利用して北朝鮮のスパイが技術を盗んでいる。

原潜建造のためには特殊鋼板が必要だが、北朝鮮では作れない。ロシアから密輸した。まだ、小型原子炉製造と制御技術は入手できていないようだ。したがって、核ミサイルを統制する原潜建造がいつ完成するかどうかは、まだわからない。継続して監視し続ける必要がある。

なお、この時点で原潜建造が公開したのは、トランプ大統領と早期に交渉したいという金正恩の思惑が絡んでいる可能性もある。「自分を放っておくと脅威が高まる。早くこちらを見ろ」というメッセージをトランプに出したという側面もあるということだ。

本章で北朝鮮のウクライナ戦争参戦の実態を検討したが、結論から言うと、北朝鮮とロシアの関係は利用・被利用によって成り立つ功利的なもので、停戦後にはロシアは北朝鮮を支援する意思も能力もない。２０２５年3月に入り、北朝鮮全国各地で、「自分の国を守るためでないのになぜわが国の若者が多数ロシアに行って多く死んでいるのか。死んだ代価を一銭も受け取っていない。これが最高司令官のすることか」という内容のビラと落書きが多数見つかって、大騒ぎになっている。ウクライナ戦争派兵が金正恩政権の命取りになりかねない状況だ。

第7章

習近平の金正恩いじめの驚くべき実態

習近平が強調する「密接な意思疎通」

この章では、北朝鮮にとって最悪になった中国との関係を見よう。

中朝関係は金正恩《キムジョンウン》のロシアへの接近に連動するように悪化していった。もはや戦争状態だと言う北朝鮮関係者もいる。

習近平は、金正恩が中国側に事前にいっさい相談報告をしないでロシアと急接近したことを怒っている。そのことがわかる習近平と金正恩のやりとりが2024年10月にあった。それをまず見よう。

10月6日は中朝国交75周年記念日だった。ところがこの日、北朝鮮と中国どちらでも記念行事がなかった。両国首脳による祝電の交換はあった。しかしその内容を見ると、悪化している両国関係がよくわかる。

習近平が金正日に送った電報に次のような部分があった。

私は、中朝関係の発展を高度に重視しており、近年、総書記同志と数回にわたって対面し、親書と電文などで密接な意思疎通を維持しながら中朝関係の深化・発展をともに導き、促してきた。新時代、新しい情勢の下で、中国側は朝鮮側とともに両国の外交関係樹立75周年を契機に戦略的意思疎通と調律を強化し、友好的な交流と協力を深化させて伝統的な中朝友好の新たなページを引き続き記していくことで、両国の社会主義偉業が安定的に遠く前進するよう、ともに促し、両国の人民により立派な福利を与える用意がある。

ここで習近平が言及した金正恩との対面は、2018年から2019年の2年間に、なんと5回もあった。金正恩が2018年3月、5月、6月、2019年1月に4回も訪中し、2019年6月に1回習近平が訪朝した。金正恩は韓国の文在寅《ムンジェイン》大統領と2018年4月、5月、9月に会談し、米国のトランプ大統領と2018年6月と2019年2月に会談した。つまり、このとき金正恩は韓国と米国の首脳に会う前に必ず習近平に会いに行っていた。

2018年
3月25~28日　金正恩訪中（北京）
4月27日　金正恩・文在寅会談（板門店）
5月7~8日　金正恩訪中（大連）
5月26日　金正恩・文在寅会談（板門店）

6月12日　金正恩・トランプ会談（シンガポール）
6月19〜20日　金正恩訪中（北京）
9月18〜20日　金正恩・文在寅会談（平壌・白頭山）
2019年
1月7〜10日　金正恩訪中（北京）
2月27〜28日　金正恩・トランプ会談（ハノイ）
6月20〜21日　習近平訪朝（平壌）

それを習近平は祝電で、「密接な意思疎通を維持しながら中朝関係の深化・発展をともに導き、促してきた」と表現しているのだ。

ところが、2023年9月の金正恩訪ロ、2024年6月のプーチン大統領の訪朝と朝ロ包括的戦略パートナーシップ条約締結と同年11月からの北朝鮮軍ウクライナ戦争参戦という大きな出来事の前に、金正恩は習近平に会いに行かなかった。

北朝鮮側の情報によると、習近平は金正恩に対して、ロシアによるウクライナ侵略戦争に、中国と同じように表向きは中立を装えと伝えていたという。しかし、金正恩はそれを無視してロシアに兵器を提供し、戦闘部隊の派兵までした。それが最近の中朝関係悪化の最大の原因だと北朝鮮関係者は話している。

祝電で習近平は、「新時代、新しい情勢の下で、中国側は……戦略的意思疎通と調律を強化（する）

……用意がある」と記した。きちんと意思疎通をせよという圧迫だ。

ところが、金正恩の習近平への祝電は、「これまでの75年間、両党・両国は自己の偉業の正当性に対する確信をもって歴史のあらゆる試練と挑戦を退け、社会主義の道に沿って力強く前進してきた」とだけ記して、お互いが自国のやっていることに確信を持っていることを強調するだけで、習近平との５回にわたる首脳会談への言及も、「戦略的意思疎通」という言葉も見当たらない。

この「戦略的意思疎通」という言葉は、２０１８年３月、金正恩が最初に訪中して習近平に会ったとき、習が金正恩を報告が遅いと叱責するために使い、金正恩が今後は報告しますという意味で繰り返し使った、曰く付きの言葉だ。日韓のマスコミはそのことを忘れているので、この電報のやりとりが、いかに現在の中朝関係の悪化を象徴しているのかがわからない。

ここで本書読者のために２０１８年３月の金正恩訪中を振り返ろう。なお、金正恩は２０１１年にトップに就任してからこのときまで、一度も外国を訪問していなかった。

２０１８年３月26日午前11時、私の携帯電話が鳴った。

「金正恩が訪中したという噂が遼寧省の丹東《たんとう》で広まっている。正恩専用の一号列車が今朝早く、丹東駅で目撃され、北京に向かった」

正恩訪中の第一報だった。何人かの知り合いにすぐ伝えたが、ある政府関係者から後日、「先生が日本で一番早かった」と誉められた。

金正恩は26日午後、北京で習近平と会談し、その後、習との夕食会に臨んだ。翌27日、正恩一行は午前中、中国科学院と天壇公園を訪れ、習近平夫妻らと昼食をとった後、帰路についた。28日朝、専用列車が北朝鮮に戻ると、中国と北の公式メディアは一斉に正恩訪中を伝え始めた。

私は中国の国営テレビである「中国中央テレビ」の映像を見て、中国外務省が発表した首脳会談要旨の日本語訳を通読し、まるで上司と部下の対話だなと感じ、驚いた。

テレビの映像では、首脳会談の様子が約7分にわたって放映された。習近平はそこで原稿なしに上司が部下を諭すような態度でしゃべり続け、金正恩は自信なげに原稿に目線を移しながら発言していた。正恩が習の発言をみずからメモをとる場面は3回も映し出された〔下写真〕。

中国外務省が公表した会談要旨（「読売新聞」2018年3月29日）によると、習近平は冒頭で、これまで金正恩が自分のところにあいさつと報告にやってこなかったことを次のように責めた。


我々の先代の指導者は密接な往来を保ち、つねに行き来していた。我々は何度も、中朝の伝統的友誼を絶え間なく継承し、良い方向に発展させると述べてきた。双方が歴史と現実に基づき、国際・地域情勢と中朝関係の大局に立って行う戦略的な選択で、唯一の正確な選択でもあり、一時的な理由で変わることはあってはならない。

中朝首脳会談でメモをとる金正恩。中国中央テレビジョン映像から。朝鮮中央放送はこの場面を放映していない。

新たな情勢下で、私は（金）委員長同志との相互訪問、特使の相互派遣、文書のやり取りなどの方法を通じて日常的な連絡を保ちたい。戦略的意思疎通という伝統の切り札をしっかり活用する。重大な問題については常に突っ込んだ意見交換を行うことは中朝両党の輝かしい伝統だ。

［傍線西岡］

おまえの先代（金正日）は中国の指導者に対してきちんとあいさつと報告をしていたが、おまえはこれまでそれをしなかったと責めているのだ。

ここでのキーワードは「戦略的意思疎通」だ。習はそれを「伝統の切り札」とまで言って、強調した。私は、金正恩がメモをとったのはこのキーワードではないかと推測している。この単語を自分の発言でも使わなければならないと、とっさに判断したからメモをとったのではないか。記録のためだけなら、横に座っていた側近らがメモをとればよいからだ。

金正恩は習の叱責を受けて、これからは「戦略的意思疎通」に努めますと反省の弁を述べた。やはり中国側が公表した会談の要旨から引用する。

朝鮮半島の情勢は急速に前進しており、少なからぬ重要な変化も起きている。情義の上でも道義の上でも、私は時を移さず、習近平総書記同志と対面して状況を報告するべきでもあった。

金正恩はここで習近平への報告が遅くなったことをわびたのだ。そのうえで、金正恩はこう語った。

双方の先代の指導者が自ら打ち立て、ともに育んできた朝中の友誼はゆるがせにできない。新たな情勢下で朝中の友誼を継承・発展させることは朝鮮の戦略的選択であり、どのような状況下でも変わらない。今後、機会をとらえて総書記同志と頻繁に会い、互いに特使を派遣し、親書を送るなどの方法で密接な意思疎通を保ちたい。

われわれは北南関係を協力の関係に転換させることを決心し、北南首脳会談を行う。米国との対話も望み、朝米首脳会談を行う。南朝鮮（韓国）と米国が善意をもってわれわれの努力に応じ、平和と安定の雰囲気を作り出し、平和実現のために段階的で同時並行的な措置をとるならば、半島の非核化問題は解決にいたることが可能となるだろう。このプロセスにおいて、われわれは中国側と戦略的な意思疎通を強め、交渉と対話の流れと半島の平和と安定をともに守りたい。

中朝首脳会談で、習近平は「戦略的意思疎通」をするように金正恩に命じ、金正恩はそれをわざわざメモを取り、「そうします」と繰り返し答えた。それを中国外務省が公表した。なお、北朝鮮の朝鮮中央通信も、金正恩が「習近平同志をはじめとする中国の指導者たちと頻繁に会って友情を深くし、戦略的な意思疎通を強化し、両国の団結と協力を強固にしよう」と話したと伝えている。そのうえ、やはり中国外務省によると、習近平は夕食会の挨拶でも、「国際・地域の情勢に計り知れない変化が起ころうとも、われわれ双方は世界の発展の大勢と中朝関係の大局をしっかりと把握し、高レベルの往来を強め、戦略的な意思疎通を深め、交流と協力を拡大し、両国人民と各国人民に幸福をもたらす」と念を押している。

北朝鮮への食糧・肥料の輸出ストップ

話を2024年の中朝関係悪化に戻す。中国は金正恩訪中の記念物も消滅させてしまった。
韓国紙「中央日報」2024年6月11日のスクープ報道で、大連の海岸にある公園にあった金正恩と習近平の足跡記念碑が最近、消されたことがわかった。2018年5月、金正恩は中国大連を訪問して習近平と2回目の首脳会談を持った。そのとき海岸の公園を散策したのだが、その場所に2人の足跡を形取った記念碑が作られていた。2024年に入ってその記念碑の上にアスファルトが敷かれ、完全に消されていることが確認された。露骨な不快感の表明だ。

習近平は2022年頃から北朝鮮に対して冷たい態度を示していた。金正恩が繰り返し頼んだ無償食糧支援をいっさいしなかった。

金正恩は2022年から3年連続で数十万トン規模の無償食糧支援を要請している。しかし、中国は無回答を続けている。2024年4月に訪朝した中国共産党序列3位の趙楽際《ちょうらくさい》全国人民代表大会常務委員長に金正恩が食糧支援を申し入れたが、帰って検討すると返事をしただけで、その後、音沙汰なしだ。

そのとき金正恩は平壌で側近らに、習近平のことをひどく罵っているのだが、中国は平壌にも情報網を持っていて、その発言が習近平に伝わった。

中国は北朝鮮に対して無償の食糧支援を断っただけでなく、2024年に入って食糧と肥料の輸出を事実上止めた。そのことを示す驚くべき貿易統計を、気鋭の中国研究者である大沼直人氏が発見した。今年1月から8月の中国から北朝鮮へのコメ、トウモロコシ、肥料の輸出が軒並み前年同期比で約9割減った。

大沼氏が中国海関総署（関税庁に相当）の統計を調べたところ、中国の2024年対北朝鮮輸出でコメ、トウモロコシ、複合肥料、窒素肥料が前年比約9割激減していることがわかった。コメは2023年7681万ドルが2024年には87％減少して962万ドル、トウモロコシは249万ドルが95％減少し11万ドル、複合肥料は8067万ドルが87％減少し1005万ドルになった。なかでも窒素肥料は158万ドルが99％減少しわずか2万ドルしか輸出されなかった。このような激減はコロナ期を除くとこの10年なかった。

中国は食糧援助拒否どころか、2024年貿易で主食のコメ、トウモロコシと農業生産に欠かせない肥料輸出を9割減らしたのだ。これは異常事態だ。

CNC旋盤密輸事件の衝撃

以下、2024年に起きた中朝関係の悪化を示す驚くべき事件の数々をあげていく。

まず、北朝鮮外交官が中国官憲に逮捕された事件を見ておこう。発端は外交官ぐるみの密輸事件だった。

２０２４年4月からロシアの要請により北朝鮮が中国からＣＮＣ旋盤を大量に密輸した。ＣＮＣ旋盤とは旋盤にコンピュータ制御装置を取り付け、入力されたデータを基に自動加工する機能を持たせたものだ。それを使うとかなり精巧な兵器を作れる。

4月にＣＮＣ旋盤２００台が密輸入された。朝鮮人民軍総政治局傘下の「朝鮮未来電子」と、軍需品調達部署である国防委員会51部が専門で担当している。

中国の江西省と浙江省の軍需工場から中朝国境の吉林《きつりん》省長白《ちょうはく》に運ばれ、そこから北朝鮮の恵山《ヘサン》へつながる国境の山の中のルートを使って運搬された。偵察衛星の監視を避けるため深夜に運ばれた。恵山から慈江道《チャガンド》の地下軍需工場に運んで兵器生産に使っている。代金は北朝鮮がロシアに兵器を売った対価の一部を使ったとされる。

当初の情報では、そこでは中国当局も協力したということだったが、それは間違いだった。中国当局の目を盗んで北朝鮮が密輸したのだった。

中国は、4月末から5月初め、この密輸に関係した北朝鮮外交官らを逮捕した。外交特権を持つ外交官の逮捕は異例中の異例だ。

逮捕された外交官は少なくとも4人、北京の北朝鮮大使館に派遣されている外交官3人と党39号室担当参事1人だ。彼らは外交官特権があるはずだが、逮捕されただけでなく家宅捜索も受けたという。

北朝鮮の崔善姫外相が強力に抗議した結果、外交官はその後、北朝鮮に帰国した。それ以外、北朝鮮軍に関係する貿易関係者7人も逮捕され、事務所や自宅を捜索された。家宅捜索の結果、大量の麻薬と多額の外貨、金塊が発見された。北朝鮮外務省は押収された麻薬以外の外貨、金塊の返還を求めたが、拒否された。

ＣＮＣ旋盤密輸についてはもう一つ、事件が起きた。北朝鮮はＣＮＣ旋盤などの密輸のために、１億ドルを秘密裏に北京に持ち込み、秘密口座で管理していた。ロシアから受け取った砲弾代金などで捻出した、なけなしの外貨だった。ところが、そのうち３０００万ドルが持ち逃げされた。６月前半、人民軍保衛局（旧保衛司令部、軍内の情報機関）の外貨稼ぎ総責任者、朴ウォンイル少将が３０００万ドルを持ち逃げして姿を消した。私は朴少将が逃亡した直後に、彼の写真と人的情報を入手した。

これまでも複数の党39号室関係者が数百万ドルを持って亡命したことはあったが、３０００万ドルは驚くべき額であり、金正恩政権に大きな打撃を与えた。朴ウォンイル少将は8月に香港で中国当局に逮捕され、北朝鮮に送還された。彼が香港の秘密口座に隠していた３０００万ドルは中国政府が押収して、北朝鮮に返還せず、国庫に入れてしまった。朴少将が購入したロシアへ輸出する兵器生産のための軍需工場設備も押収され、返還されず、競売された。「米国野郎より中国がもっと悪質だ」と北朝鮮関係者はささやいている。

密貿易の取り締まり強化

外交官と貿易関係者の逮捕だけでなく、中国はやはり２０２４年5月頃から、国連制裁違反という口実を表に出して、北朝鮮との密貿易を厳しく取り締まり始めた。黄海上に多数の監視船を出して北朝鮮の密貿易を徹底的に取り締まっている。

１億ドル分のセメント工場設備も押収された。２０２４年、金正恩は玄松月《ヒョンソンウォル》を最側近である書記室長にした。金正恩は彼女に1億ドルの資金を与えて、平壌近くに大規模な最新設備セメント工場を作ることを命令した。北朝鮮産のセメントの質が悪く、それを使って建設された建物の崩壊などが頻発しているためだ。

玄は中国で1億ドル分のセメント工場の設備を買った。国連制裁違反になるので密輸だ。ところが、その動きが中国当局に漏れて、1億ドルの支払いが終わった後に、買った設備が全部押収された。玄はその返還交渉のために2024年7月に秘密裏に訪中した。しかし、中国は国連制裁違反という名目で返還を拒否し、競売にかけて処分してしまった。玄は激怒したが、どうすることもできなかった。金正恩は玄に対して「国のカネを枯渇させる気か」と怒鳴ったらしい。

そのうえ中国は、金正恩ファミリーのためにヨーロッパなどで買い集められた「1号物資」と呼ばれる贅沢品を没収してしまった。

5月に大連港で「1号物資」を北朝鮮に運ぼうとしていた5万トンクラスの貨物船が密輸容疑で摘発し、そこに積まれていた5000トンのコンテナを押収し、その中に入っていた「1号物資」を密輸品として税関倉庫に運び込んだ。これまで、中国当局は「1号物資」については特別扱いをして摘発したことがなかったから、異例中の異例だ。

北朝鮮側は高官を派遣して繰り返し返還を求めて交渉したが、中国は頑として聞き入れない。それどころか、それらの贅沢品を没収して競売にかけて売った代金を国庫に入れてしまった。

私がこの情報を入手したのは6月だが、韓国紙「中央日報」が約3か月後の9月13日付で、「中国、金正恩委員長『1号品』密輸を摘発　返還要求を断る」という記事で同じ内容を伝えた。中朝関係悪化の現実を正確に伝えるとともに、私の情報の正確さを証明する記事なのでその主要部分を紹介したい。

中国当局が国境地域での北朝鮮の密輸行為に対する取り締まりを強めていることが12日、把握された。中国当局がさまざまな密輸品のほか、北朝鮮が海上密輸に使用する快速艇まで差し押さえ、「金正恩国務委員長が使用する物品は返してほしい」という北朝鮮側の要求も断ったと、対北朝鮮情報筋が伝えた。

「中央日報」は情報源を「対北朝鮮情報筋」としている。北朝鮮の情報を収集分析しているところを意味する用語だ。韓国国家情報院がリークした情報である可能性が出てくる。

複数の対北朝鮮情報筋によると、中国は最近、公安・海関・海警をすべて動員し、北朝鮮の密輸品の相当な量を差し押さえた。取り締まりは陸路だけでなく船舶を利用した海上密輸にまで範囲を拡大している。

ある消息筋は、「最近、中国海警が北朝鮮の船を取り締まる過程でガス銃を使用した」と雰囲気を伝えた。続いて「北朝鮮が密輸に使用した快速艇までも没収したと聞いている」と話した。

ガス銃の使用、快速艇まで没収という部分は、私は知らなかった。

中国海関当局は最近、欧州を出発して中国経由で北朝鮮に向かう密輸品を差し押さえたが、この中には「金正恩専用品」も含まれていたと、情報筋は伝えた。北朝鮮側が「最高指導者（金正恩）同志が使用する物品がある」という趣旨でその物品だけでも返してほしいと要請したが、中国側が返還を拒否したということだ。

品目は確認されていないが、金正恩委員長が直接使用する物品、統治行為に必須のぜいたく品あるいは嗜好品の可能性があるとみられる。中国が北朝鮮の要請にもかかわらず返還しないのは「１号物品」も例外としない取り締まりを継続するという北朝鮮への警告と解釈される。

ここでは「１号物品」という用語が使われている。「１号」とは金正恩を指す。私に情報を伝えた関係者は「１号物資」という北朝鮮内での呼び方を使っていた。

「中央日報」は押収された物品の合計金額が数億元にのぼることを次のように伝えた。

差し押さえた北朝鮮の密輸品も相当な規模になるという。各種ぜいたく品、麻薬など多様な品目の密輸品を数億元規模で差し押さえたという。公安が没収した品目の中には中古の機関車もあるが、これは中国裁判所の競売物目録に入ったと、この情報筋は伝えた。

現在のレートで１元は約20円だ。数億元という数字が、２億元なら40億円、５億元なら１００億円、

9億元なら1億2000万ドル、180億円になる。

実は2024年に中国が押収した北朝鮮の外貨と物資の合計は4億ドルを超える。

朴ウォンイル少将に持ち逃げされた3000万ドルはすべて中国に奪われてしまった。朴少将が逃げる前に買った兵器生産のための最新設備も大連港で押収され、競売処分された。金正恩ファミリーのための物資である「1号物資」（ブランドのカバンや服、高級酒、ベンツなど）も大連港でやはり押収され競売処分されてしまった。玄松月が1億ドルかけて中国国内で買ったセメント工場設備も没収された。

それに加えて、11月下旬にはコンテナ50個分の物資が押収される事件が起きた。2024年11月25日、北朝鮮はこれまで中国内で確保し隠していた物資を最後に運び込もうと、山東省の港にコンテナ50個を運び込み、船で北朝鮮の南浦《ナムポ》港に出そうとした。ところが、中国公安が大規模に出動してコンテナを検査し北朝鮮への密輸だとして摘発する事件が起きた。コンテナはすべて押収され、加担した中国人5人が現場で逮捕された。関係していた北朝鮮外交官や人民軍貿易関係者10人あまりは逃亡した。

中国は、国連制裁を表向きの理由に、中国から北朝鮮への密輸を厳しく取り締まっている。2024年に中国に押収・没収された資金と物資は約4億ドル相当だったと北朝鮮関係者が伝えている。

それから、中国は自国内で金正恩が外貨を稼ぐことを邪魔している。国連安保理制裁により北朝鮮労働者の雇用が禁止された後も、中国は留学生ビザや親戚訪問ビザなどを出して北朝鮮労働者を受け入れてきた。コロナによる国境封鎖前には約20万人の北朝鮮労働者が中国で働いていた。その賃金の大部分を労働党が受け取っている。これが国連制裁後に金正恩に残された主要外貨源だった。ところが、国境封鎖が解除された後、中国は労働者の北朝鮮への帰国を促す一方、新規のビザをいっさい出していない。そのため、２０２３年３月現在で15万人が帰国し、５万人だけが残っている。それだけ金正恩の外貨収入が減っている。

中国経由の脱北者が急増する可能性

もう一つ、驚くべき事件があった。北朝鮮海軍への中国海軍のひどい仕打ちだ。

２０２４年5月末、北朝鮮の小型潜水艦が故障して中国領海に入った。それを中国海軍は拿捕《だほ》し乗員全員を抑留し厳しい調査をした。その後、朝鮮側の要求でやっと全員が釈放された。中国海軍が北朝鮮海軍にこのように敵対的に対したことはこれまでなかった。その理由は、朝鮮海域に入った中国漁船に対して北朝鮮海軍が銃撃し、ひどいときには砲撃まで加えてきたことへの報復ではないかと北朝鮮側は見ている。

平壌に駐在している中国外交官も金正恩政権への不快感を表に出している。７月27日の朝鮮戦争休戦記念日を「祖国解放戦争勝利記念節」（戦勝節）と呼んで毎年、大々的に慶祝行事を行う。２０２４年も、金正恩が参加して平壌体育館で参戦世代との再会の会、夕方には平壌体育館広場で朝鮮戦争の時期を象徴する縦隊の記念行進式、夜には祖国解放戦争の勝利記念塔の前で慶祝公演を行った。

労働党機関紙「労働新聞」に掲載された行事の写真を見ると、ロシア大使のアレクサンドル・マツエゴラやベトナム大使のレバビンなど、北朝鮮に駐在する大使のほとんどが来賓席に出席していたことが確認されたが、王亜軍《おうあぐん》中国大使だけが姿が見えず、欠席していたことがわかった。

中国の北朝鮮への憤りぶりがわかるエピソードをもう一つ、紹介しよう。

関係筋によると、北朝鮮では、2014年7月の大洪水で中朝国境の警備施設が流されるなどして脱北が容易になった。また、水害復旧支援のため全国から若者が国境地域に集結した。その結果、若者を中心に相当数の脱北者が出た。「平安北道突撃隊」として新義州、義州地域に動員された若者らのうち600人が五月雨《さみだれ》式に脱北したと聞いた。その600人はほぼ全員が中国公安に捕まった。ところが、中国側は捕まえた約600人の脱北者について強制送還はせず、収容施設で食事や新しい衣服を与えて待機させた。

そして驚いたことに、12月に彼らを含む脱北者に対して「臨時居住証」を与えて合法的な中国在留を認めた。「臨時居住証」を受けた者は、居住地を離れることは禁止され、1週間に1回、警察に出頭する義務があるが、就労まで許されるという。

北朝鮮政府から中国に派遣される労働者はその賃金の大部分をピンハネされるが、「臨時居住証」をもらって就労する場合は、賃金の100％が自分のものになる。就業できる職場は、待遇が悪くて中国人が働きたがらない林業や農業などらしいが、脱北者にとってこれほどうれしいことはない。

中国にいる北朝鮮政府関係者によると、2024年に中国から北朝鮮に強制送還された脱北者は、何と一人もいないという。中国政府が突然、人権意識に目覚めたことはあり得ない。金正恩政権への圧力の手段として脱北者の強制送還を中断したと見るべきだ。

関係者間では、中朝関係がこれ以上悪化したら、逮捕した脱北者を国連難民高等弁務官事務所に引き渡すなどし、韓国行きを許容するのではないかとの見方さえ出ている。

仮にそうした対応が実現すれば、東西ドイツの統一（１９８９年）の際、自由を求める東ドイツ側の国民が国境を開放したチェコ経由で大挙して西ドイツに押し寄せたときのように、北朝鮮から大量の人民が中国経由で韓国になだれ込む事態が起こりうる。体制の危機だ。「これ以上勝手なことをすると、そうするぞ」と、習近平が金正恩を脅していると考えられるのだ。

中国は北朝鮮にとって最大の後ろ盾だったが、ウクライナ戦争への派兵決定に関して事前の相談はなかったとされる。このことに習近平は怒っている。さらに、北朝鮮が、中国を経済的に締め上げようとしているトランプ政権にすり寄ろうとしていることにも、危機感を抱いている。

本書終盤で見るように、金正恩は中国との関係悪化、韓国との完全な断絶という困難な状況を、トランプ当選後の米朝首脳会談とその後の対日接近で乗り越えようと考えている。トランプは中国を第一の脅威と認識し、関税の大幅引き上げなどで経済的に徹底的に締め上げることを公約としている。習近平は金正恩が自分に対する相談、報告なしにトランプとの首脳会談を持とうと準備していることを苦々しく思っている。

だからこそ、「1号物資」を含む4億ドル以上の資金と物資没収、コメや肥料輸出の9割カットという劇薬を使って北朝鮮を圧迫しているのだ。ある韓国の北朝鮮専門家は私に、金正恩が相談なしに米朝首脳会談を行い核ミサイル問題で一定の譲歩をして米朝関係を改善させる動きを見せるなら、習近平は金正恩政権を崩壊させようとするかもしれないと語った。

中朝会計悪化の原因について、次のような情報を２０２５年3月に入手した。

2019年2月に、2回目の米朝首脳会談が決裂した。その後、習近平は金正恩にこう提案したという。コロナ蔓延の前のことだという。

「北朝鮮の規模ならば中国の1つの省で食わせてやることができる。鉄道や高速道路などへの大規模なインフラ投資もしてやる。それには2つの条件がある。第1は、改革開放政策を採用すること、第2は、新浦にある北朝鮮海軍の潜水艦基地を中国海軍に使わせるか、あるいは羅津先鋒の港を中国に100年租借させることだ」

金正恩はこれを呑まなかった。それで中国からの支援がもらえなくなった。金正恩は、ウクライナ戦争が始まると、習近平に相談せずプーチンに急接近した。以上の経緯から、中朝の和解は金正恩政権の間は不可能だと、この情報を教えてくれた関係者は言う。

本章では中朝関係悪化の実態を詳しく書き、その理由が、金正恩が習近平に相談せずにプーチンに接近してウクライナ戦争に参戦までしたこと、そして反中のトランプとの接近を図っていることだと説明した。しかし、ここで紹介した情報によって、習近平が金正恩に対して怒っている理由に、より深い理由があったことがわかった。習近平からすると、金正恩は中国の支援申し入れを断って、反中である米日の側に接近しようとしていると見える。だから許しがたいのだ。金正恩からすると、習近平は北朝鮮を属国化しようとしており、それを避けるために米日の近づこうとしているのだ。この中朝の構造的対立に、拉致被害者救出のチャンスがひそんでいる。

第4部

朝鮮半島と日本

第8章　今後の南北コリア

戒厳の失敗を北朝鮮はどう見たか

本書でここまで見てきたように、２０２４年、朝鮮半島現代史における大きな２つの出来事があった。

まず、北朝鮮では２０２３年12月、２０２４年1月に、北朝鮮の独裁者金正恩《キムジョンウン》が、韓国を統一すべき同族ではなく敵対する外国とみなすという大きな路線転換を行った（本書第1章参照）。

一方、韓国では２０２４年12月に尹錫悦《ユンソンニョル》大統領が戒厳宣布を行い失敗し、弾劾訴追され、２０２５年1月に内乱首魁として逮捕、起訴された（本書第3章参照）。尹大統領は弾劾が決まり、6月に大統領選挙が実施されて新しい大統領が選ばれるはずだ。

本章では、北朝鮮が韓国の戒厳騒ぎをどう評価したのか、そして今後、韓国にどのように関わってくるのかについて、彼らの対南工作の成功と失敗という観点を踏まえて論じたい。

２０２５年1月のソウル取材で、韓国で起きた戒厳令騒動について北朝鮮がどう見ていたのか、情報を得た。

北朝鮮指導部は当初、何が起きているのかまったくわからなかった。戒厳令下、戦時を宣言し、韓国軍が米軍とともに北進してくるのではないかと、強い危機感を抱いた。

ところが、戒厳がたった数時間で解除され、その直後に軍の指揮官らが国会や野党議員のユーチューブで、「今後は尹大統領の命令に従わない」と公然と話したり、涙を流して自分は上からの命令に従っただけだと保身を図る姿を見て、韓国軍の意外な弱点を発見した。米軍を撤退させ、内部を混乱させ、韓国軍単独との戦争なら勝ち目があるかもしれないという声が一部の軍首脳から上がったらしい。

しかし、第６章で見たように、ウクライナに派兵された北朝鮮軍がわずか１、２か月で壊滅する惨めな姿を見て、軍の総参謀などは、これまでの軍事作戦計画は使えないのではないかと考え始めた。だから、韓国は同じ民族ではなく敵対する外国であって、民族統一の対象ではないという金正恩の新路線はより強固になった。その結果、民族統一を前面に出した韓国への政治工作は止まった。

後述のとおり、「反日反韓史観」を韓国社会に広く浸透させ、北朝鮮こそが民族史における正統政権だという認識を植え付ける北朝鮮の政治工作は大成功を収めていたが、金正恩の統一否定宣言でその工作の根底が崩れた。韓国人の大多数はその意味にまだ気づいていないし、不正選挙陰謀論に惑わされて韓国の中で右翼全体主義が台頭している。北朝鮮の左翼全体主義に勝った韓国で、右翼全体主義が台頭しているのだから、歴史の悲劇、あるいは喜劇だ。

北朝鮮住民の大多数が韓国による自由統一を求めていることが明らかになったにもかかわらず、韓国ではその主体となるべき韓国政府が尹錫悦大統領の自爆的戒厳宣布でがたがたになり、一方的に北朝鮮の朝鮮労働党政権に片思いを続ける左派政権ができる可能性が高まっている。

対南工作機関を解体

ここで、北朝鮮の対南工作の大変化についてみよう。2023年末の労働党中央委員会報告で金正恩は、「党中央委員会統一戦線部をはじめとする対南事業部門の機構を整理、改編するための対策を立て、根本的に闘争の原則と方向を転換すべきである」と対南工作機関の整理を命じた。韓国政治に大きな影響を与えてきた北朝鮮の対南工作機関が解体させられた。この意味は大きい。

2024年1月1日、崔善姫《チェソンヒ》外相が、李善権《リソングオン》統一戦線部長ら対南部門幹部を集めて協議を行い、12日、「対敵部門活動家の決起集会」が開かれ、北南関係の改善と平和統一のための連帯機構として設けた「6・15共同宣言」実践北側委員会、祖国統一汎民族連合北側本部、民族和解協議会、檀君《タングン》民族統一協議会など、「われわれの関連団体をすべて整理することにした」（朝鮮中央通信）という。

整理される団体はすべて、統一戦線部が運営する対南工作のための団体だった。「6・15共同宣言」実践北側委員会は2000年の南北首脳会談で出された「6・15共同宣言」を実践することを目的として設立された委員会で、北だけでなく韓国と海外にも同じ委員会がある。祖国統一汎民族連合は1990年に設立された統一運動団体でやはり南と海外にもある。1998年に設立された民族和解協議会は朝鮮労働党の外郭団体で、同時期に金大中《キムデジュン》政権が作った民族和解協力汎国民協議会のカウンターパートだ。檀君民族統一協議会は1997年に発足し、民族の正統性と統一を扱ってきた。

北朝鮮の対南宣伝ウェブサイト「わが民族同士」「統一のこだま」「柳京《リュギョン》」「朝鮮の今日」「黎明」などもⅠ月11日からアクセスできない状態になっており、閉鎖された。「柳京」はこの日、北朝鮮が整理すると明らかにした民族和解協議会が運営してきた。

私が入手した情報によると、中国などで活動していた統一戦線部の工作員に帰国命令が出た。これまで、韓国との関係は同族だから外交関係ではないという建前から、労働党の工作機関である統一戦線部が窓口になっていたが、それをやめて他の外国と同じく外務省が管轄することになり、統一戦線部は大幅に縮小され、「第10局（対敵指導局）」と改称された。「部」から「局」に格下げとなったのだ。朝鮮総連への指導は現在も、統一戦線部長だった李善権が行っていることが確認されたが、李善権の現在の肩書は不明だ。

この対南政策の大転換に、私は驚いた。拙著『韓国の大統領はなぜ逮捕されるのか――北朝鮮対南工作の深い闇』（2022年・小社刊）で詳しく書いたが、北朝鮮の対南工作はかなり成功していたからだ。

1980年代半ばまで、北朝鮮は、社会主義体制の優位性を韓国に示すことに力点を置いていた。ところが、韓国の朴正熙《パクチョンヒ》政権と全斗煥《チョンドゥファン》政権によって推進された高度経済成長の結果、北朝鮮は体制競争で敗退した。そこで、民族主義を強調する工作に力点を移した。それが成功したのだ。

親北・従北の「民主政権」も一転敵視

韓国は建国以来、日本の支配に協力した親日派が親米派に化けて支配階級として生き残った汚れた国であり、北朝鮮は親日派を処断し、ソ連・中国に対しても主体性を貫く朝鮮民族の正統な代表であるという宣伝を展開した。この宣伝を私は「反日反韓史観」と名づけた。

韓国で1980年代に学生運動を経験した世代の多くがその歴史観に幻惑され、韓国の敵は同族である北朝鮮ではなく、外勢である米国と日本だという考えを持つ者、すなわち主体思想派《チュチェ》が多数生まれた。民族主義を前面に出し共産主義理論を強調しないので、彼らはソ連が崩壊しても動揺しなかった。

その勢力がついに文在寅《ムンジェイン》政権で権力を握った。ある意味で文在寅政権は北朝鮮の対南政策の達成物だった。そして、左派である李在明《イジェミョン》は2022年の大統領選挙で、わずか0・7％の僅差で尹錫悦現大統領に負けたが、いまや尹錫悦は任期途中で弾劾された。それなのに北朝鮮は、文在寅や李在明を含む韓国全体について、もはや同じ民族ではなく敵対国だとして、主体思想派を切り捨てたのだ。

先に見た2023年末の金正恩報告では、「われわれの体制と政権を崩壊させるという傀儡の凶悪な野望は『民主』を標榜しても、『保守』の仮面をかぶっていても少しも異なるものがなかった」と言って、文在寅政権をはじめとする「民主政権」も保守政権と同じく敵だと主張した。2024年1月2日に出された、金正恩の妹で実質権力序列2位といわれる金与正《キムヨジョン》副部長の談話では文在寅を名指しで激しく非難した。

素直なふりをし、われわれにくっついて平和の包みを出してわれわれの手を縛りつけては裏で自分がむさぼりたいのはすべてむさぼりながらも、われわれが米国とその戦争屋を抑止するための展望的な軍事力を培うことにいろいろな制約を生じさせたのは文在寅である。

われわれと対座して特有のたどたどしい口調で「同じ血筋」だの、「平和」だの、「共同繁栄」だのと言いながら、肉片でも切ってくれるようにとろけさせるその手際は並大抵のものではなかった。

ここで、文在寅が「同じ血筋」だと言ったことをも非難の対象にしていることに注目しておきたい。これまで北朝鮮は北と南は同じ血筋だから米国を追い出して統一しようという工作を展開し、それに呼応して誕生したのが文在寅政権なのに、それを罵倒しているからだ。

北朝鮮権力中枢では、文在寅をはじめとする韓国の親北朝鮮左派は、息子や娘を米国や日本などに留学させており、口では北朝鮮との連帯を言うが、実は親米派だとして信用していないという話を、ある脱北者から聞いた。

この立場は、尹錫悦が弾劾されることが決まった本章執筆時点でも変わりがない。すなわち、極左と言われていた李在明「共に民主党」代表が政権を握っても、やはり韓国は外国であり、統一の対象ではないとして、変わらず罵倒するはずだ。

なぜなら、本書でここまで見てきたように、文在寅政権と交流した結果、北朝鮮住民の大多数が韓国の豊かさと自由さに憧れを持ってしまったからだ。文在寅政権後半から北朝鮮は韓国との交流を中断し、文在寅政権を激しく非難し、文在寅政権が投資して作った開城《ケソン》のビルを爆破したことからも、そのことがよくわかる。文在寅政権と北朝鮮の蜜月関係は２０１８年の１年間だけだった。同年２月、韓国の平昌《ピョンチャン》冬季五輪に南北統一チームで参加し、金正恩の妹で事実上の序列2位である金与正が韓国を訪れ文在寅と会談した。5月には板門店で金正恩と文在寅の南北首脳会談が華々しく行われ、9月には文在寅が平壌を訪れて南北首脳会談を行い、両者は一緒に白頭山を訪れた。

ところが、2019年2月にハノイで行われたトランプと金正恩の2回目の米朝首脳会談が決裂した頃から、北朝鮮は文在寅と距離を置き始める。

2019年8月15日、文在寅が南北平和経済を提唱する演説を行うと、翌日すぐに、北朝鮮の祖国統一委員会が、「ゆでた牛の頭も仰天大笑（空をあおいで大笑い）するようなもの」と文在寅演説を非難し、翌2020年6月には、南北首脳会談の結果、韓国が北朝鮮の開城市に建設した南北連絡事務所ビルを爆破した。そして、同年12月、「反動思想文化排撃法」を作って韓国文化の流入を最高死刑で取締り、それでも足りず2021年9月には「青年教養保障法」を作って、韓国に憧れる青年らへの取締りを強化した。

北朝鮮に厳しい態度をとった尹錫悦政権は2022年5月に発足している。その3年前から北朝鮮は韓国との交流を遮断する政策をとってきたのだ。

対南政治工作が生んだ「従北派」

ここで北朝鮮の韓国に対する政治工作の歴史を振り返っておく。

これまで北朝鮮は、韓国は米国の植民地であり、米国支配下で苦しんでいる韓国人民を解放することを国家の至上課題としてきた。

金日成は、朝鮮戦争で韓国を併呑《へいどん》できなかった理由として、米軍の参戦に加えて、期待していた韓国で共産主義者らの大規模な武装蜂起がなかったことと考え、対南政治工作を続けた。その工作は大成功して、今、韓国内には北朝鮮に従う「従北派」あるいは「主体思想派」が相当数存在している。

その主体思想派が作った政権が文在寅政権だった。1987年、主体思想派学生運動が主導したデモにより全斗煥政権が譲歩して大統領直接選挙と金大中らの政治活動自由化が実現したとき、北朝鮮では選挙を通じた南朝鮮革命を目指す新たな対南工作方針が立てられた。

それに基づき、1991年に韓国の反政府運動団体が総結集して「全国連合」（民主主義民族統一全国連合）が作られた。「民族統一」という言葉が組織名に入っていることからわかるように、「全国連合」は主体思想派の集まりだった。「全国連合」に所属する約700人の主体思想派活動家が金大中政権時代の2001年9月、忠清北道《チユンチヨンブクト》の君子山《クンジヤサン》に集まって、「3年以内に広範囲な大衆の組織化を通じて『民族民主政党』を建設し、10年以内に『自主的民主政府と連邦統一祖国』を建設する」という、いわゆる「君子山の約束」を決議した。当然、北朝鮮の指令に基づくものであろう。

「全国連合」にはいくつかの派閥があった。権力争いに勝った主流組織が「京畿《キヨンギ》東部連合」だ。彼らは「君子山の約束」に基づき、主体思想派のライバルだった「ＰＤ派」（純粋に社会主義革命を求め、北朝鮮とは距離を置く）が作った「民主労働党」を乗っ取った。その「民主労働党」が「統合進歩党」となり、2012年の国会議員選挙と大統領選挙で第1野党「民主統合党」（現在の「共に民主党」）と選挙協力を行った。

朴槿恵《パククネ》政権はその危険性に気づき、「京畿東部連合」のリーダーで「統合進歩党」国会議員だった李石基《イソッキ》が、地下組織メンバーに武装蜂起の準備を命じている証拠を確保して李石基議員を逮捕し、「統合進歩党」を解散した。その「京畿東部連合」の拠点が李在明が市長をしていた京畿道《キョンギド》城南《ソンナム》市だった。李在明は市長選挙で「京畿東部連合」の支援を得て当選し、その後も関係は続いている。

従北勢力拡大の背景に「反日反韓史観」

朝鮮戦争で共産主義勢力の残忍性を体験した韓国で、主体思想派がなぜここまで勢力を拡大できたのか。先に書いたように、その鍵は北朝鮮が１９８０年代から意図的に広めた左傾民族主義に基づく「反日反韓史観」がある。この点、私は繰り返し主張してきたが、まだ日本社会ではほとんどその実態が認識されていない。

日本で展開されている「韓国の反日の背景に韓国人の国民性・民族性がある」という議論に重大な欠陥がある。韓国の反日は１９８０年代、北朝鮮が韓国に戦略的に植え付けた左傾民族主義イデオロギーである「反日反韓史観」の産物であって、実際の歴史体験から来る感情ではない。

そこには、妥協不可能な総力戦である南北対決の一局面が反映されている。より端的に言うと、韓国の反日を支える「反日反韓史観」は北朝鮮の工作によって作られたものだ。そのことを見誤ると、韓国の反日の真相を把握することもできなくなり、喜ぶのは世襲独裁政権と、その背後で政策として反日を煽る中国共産党だけだ。

主体思想派と呼ばれる従北勢力の特徴は、北朝鮮から派遣された工作員によって洗脳されたのではなく、みずから進んで従北となったという点だ。彼らがなぜ、豊かで自由な韓国に生まれ育ちながら従北になったのか。その謎を解く鍵が韓国版自虐史観である「反日反韓史観」にある。

１９８０年代に韓国の学生の間で大ベストセラーになった『韓国解放前後史の認識』という歴史評論シリーズが与えた影響が大きい。１９７９年から１９９０年にかけて10年がかりで刊行された全６巻のシリーズで合計１００万部売れたという。このシリーズこそが「反日反韓史観」の起源だった。

それまで韓国の学生運動や反体制運動に、容共反米は表向きには存在しなかった。むしろ反日の半分は、日本の容共的姿勢を糾弾するものだった。ところが、朴正熙大統領が暗殺された年に第1巻が出たこのシリーズ本は、その枠組みを大きく揺り動かす歴史認識を若者らに植え付けた。

第1巻の巻頭論文を書いたのが宋建鎬《ソンゴンホ》だ。彼は長く新聞記者として朴正熙政権を激しく批判してきた反政府活動家で、１９８０年、全斗煥政権下、金大中らとともに逮捕されている。

彼は反日を入り口にして、「大韓民国は生まれたときから汚れた国で、北朝鮮こそ民族史の正統性の継承者だ」と主張する、「解放の民族史的認識」と題する論文を書いた。

論文の中で宋は、韓国の「建国の父」である李承晩《イスンマン》を徹底的に攻撃する。李承晩は手段方法を選ばない権力主義者で、米国をバックに日本の植民地統治に協力した親日派を取り込んで、分断の固定化に繋がる韓国単独政府を樹立し、親日派処分を妨害し、土地改革を遅延させて日本統治時代に利益を得ていた地主勢力と結託したというのだ。

親日派を大々的に粛清

宋建鎬らが提唱した新しい歴史観の中心にあるのが、実は「親日派」問題だ。ここで言う「親日派」とは、単純に日本に親近感を持っているという意味ではなく、日本の統治に協力して民族の独立を阻害した勢力という意味だ。彼らが繰り返し強調したのが、李承晩政権による親日派処分の「失敗」だった。

具体的には、「反民特委」（反民族行為特別調査委員会）の失敗だった。建国1か月後の1948年9月、大韓民国国会は「反民族行為処罰法」を制定した。同法に基づき「反民特委」が組織され、1949年8月に同委が解散するまで221人が起訴され、38人に対する裁判が結審した。

判決は軽かった。実刑判決を受けたのは8人で、そのうち6人は執行猶予付きの懲役1年から2年半だった。死刑が1人、無期が1人だが、その2人も1950年6月に朝鮮戦争が勃発すると赦免された。つまり、「反民特委」が重刑に処した「親日派」は1人もいない。その理由は、李承晩大統領の黙認下で当時の警察が「反民特委」を襲撃するなど、その活動を暴力的に妨害したからだった。左派は繰り返しそれを韓国建国の汚点と論じてきた。

李承晩大統領が近代国家建設をするにあたって必要としたのは、官僚、警察、軍人などになり得る知識と訓練を受けていた人材だが、その大部分は、日本統治下に教育を受けて下級職で日本の統治に加わっていた者たちだった。

彼らが身につけていたのは近代的な国づくりに関する知識であって、それは日本が欧米から導入した人類普遍の価値、近代文明だった。彼らが韓国建国後も再び日本の支配を望み、そのために活動したなら「親日派」だが、身につけた知識を韓国建国のために使ったのなら愛国者だ。

1954年4月7日、李承晩大統領は、「明哲な観察で黒白を見極めよ、親日派問題に対して」という声明を出した。植民地時代に高官を務めた者でも建国事業に参加して功績をあげたなら、その者はすでに親日派ではない。一方、植民地時代に目立った親日活動をしていない者でも内心、再び日本が帰ってくることを待つなら、その者が清算されるべき親日派だという内容だった。

倭政時代［日本による植民統治の時代］に何をしたかをもって親日かそうでないかを決定するのではなく、そのとき何をしたとしても、そのとき親日と見られた人が今から何をするのかを、その人の意思と行動で表しているかいないかで、親日かそうでないかを判断することだ。

たとえ以前に高等官［高等文官試験合格者］となり、また日本のために熱心に働いた経歴がある者でも、その人が今になってそのことを蕩滌《とうでき》［洗いすすぐこと］されるだけのことの事実があってすべての人の了解を得られるだけのことをしてその人がほんとうに親日ではないことが証明されるなら、以前のことはみな不問に付して、愛国をする国民として認定し待遇してやるのだ。

ちなみに、多数の親日派を粛清し財産を没収した北朝鮮の金日成政権は、政権を支える人材が不足し、中国共産党の軍隊に加わり内戦を戦っていた「親中派」朝鮮人軍人を大挙受け入れて人民軍を整備し、朝鮮戦争中に約10万人の韓国民間人を拉致して国づくりに動員している。そのうえ、金日成の実弟の金英柱《キムヨンジュ》は実は関東軍の通訳をしていた「親日派」だった。

歴代大統領が陥った反日反韓史観

『解放前後史の認識』が韓国社会に植え付けた「反日反韓史観」を李榮薫《イヨンフン》ソウル大前教授は以下のように要約している。私はこれまでもたびたび引用してきたが、やはり一番的確な要約なので、ここでも引いておく。

日本の植民地時代に民族の解放のために犠牲になった独立運動家たちが建国の主体になることができず、あろうことか、日本と結託して私腹を肥やした親日勢力がアメリカと結託し国をたてたせいで、民族の正気がかすんだのだ。民族の分断も親日勢力のせいだ。解放後、行き場のない親日勢力がアメリカにすり寄り、民族の分断を煽ったというのです。そして、そのような反民族的な勢力を代表する政治家こそ、初代大統領の李承晩であるというのです。例えば、李承晩は親日勢力を断罪するために組織された反民族行為調査特別委員会（一九四八〜九）の活動を強圧的に中断させました。そうやって生き残った親日勢力が主体となって国家建設を行ったのだから、そんな国がうまくいくわけがない。今日までの六十年間の政治が混乱を極め、社会と経済が腐敗したのもすべてそのためである、という主張です。（『大韓民国の物語』文藝春秋、27〜28頁）

金大中大統領も盧武鉉《ノムヒョン》大統領も文在寅大統領もこの歴史観に支配されていた。金大中が死ぬ3年前の2006年に口述し、死後の2011年に韓国で出版された『金大中自叙伝』（サムイン出版社、日本語翻訳は出ていない）には次のような主張が含まれている（李栄薫教授による要約）。

解放後、親日派たちが富と権勢を維持するために李承晩の周辺に集まり、李承晩は金九《キムグ》［独立運動家。李承晩と対立し、１９４９年６月26日に暗殺された］に比べて政治的に劣勢だったが、彼らの助けで王座を占めることができた。それだから、もし金九が国会議員選挙に参加したならば、李承晩が大統領になることは難しかったであろうし、金九の暗殺嫌疑に李承晩は自由ではない。李承晩は反共の名で親日派と手を握り彼の独裁を美化した。

盧武鉉大統領は弁護士時代に『解放前後史の認識』を手にして雷に打たれたような衝撃を受けたという。盧武鉉は大統領に就任後の２００４年７月に、「反民族行為特別調査委員会を解体して以来、誤った歴史をただすことができず、これまで遅延されている。誰かが同問題を解決しなければならない」などと述べて自身の「反日反韓史観」を披露した。

その歴史観に立って盧武鉉は大統領直属の「大韓民国親日反民族行為真相糾明委員会」を作った。その初代委員長は『解放前後史の認識』の主要執筆者である姜万吉《カンマンギル》高麗大学教授だった。

慰安婦キャンペーンと「親日」攻撃

文在寅大統領の歴史観については拙著『日韓「歴史認識問題」の40年　誰が元凶か、どう解決するか』（２０２１年・小社刊）に詳しく書いたが、例えば彼はこのように主張している。

光復〔1945年8月15日、日本の統治からの独立〕以後、親日派清算がきちんとできなかったことが今まで続いています。親日派は独裁と官治経済、政経癒着に引き継がれたので親日清算、歴史交代が必ずなければなりません。（『大韓民国が尋ねる　完全に新しい国　文在寅が答える』64頁）

実は『解放前後史の認識』では、「反日反韓史観」の格好の題材である慰安婦問題について触れていない。最後の第6巻が出版された1990年3月時点まで、韓国の左派や北朝鮮の工作機関は慰安婦問題で日本を責めることができるとは考えていなかった。日本統治時代を知る世代がまだ残っていたため、慰安婦とは親の借金を返すために売春をした女性というのが常識だった。

ところが、朝日新聞や日本の弁護士、運動家らが1991年に慰安婦強制連行大キャンペーンを展開した結果、韓国でも左右両派がともに慰安婦強制連行を信じ、日本統治時代に日本軍に協力してそれを許容した朴正熙をはじめとする「親日派」は許しがたいという虚偽の歴史認識が拡散した。一種の陰謀論だが、これにより「反日反韓史観」はいっそう強固になった（詳しくは拙著『よくわかる慰安婦問題』、『日韓「歴史認識問題」の40年』などを参照）。

「反日反韓史観」に立つと、日本では反日の象徴に見える李承晩が親日派として糾弾される。陸軍士官学校を出た朴正熙はこの歴史観から見れば親日派そのもので、売国奴だ。朴槿恵大統領はつねに「親日派の娘」と攻撃されることを政治的負担と感じ、反日政策を推進した。朴槿恵弾劾を求めるデモも従北派が深く関与していた。

デモで掲げられた変造された映画ポスターがあった〔次頁写真〕。もともとは『暗殺』という日本統治時代に日本政府要人と親日派を暗殺しようとした臨時政府の活動家が主人公の反日映画で、2014年に封切りされて1270万人が見たヒット作だ。そのポスターの主人公らの写真の上に3人の代表的従北派の顔写真が載せられている。左から、過激ストなどで逮捕された韓相均《ハンサンギュン》民主労組委員長、解散させられた「統合進歩党」の李《イ》正姫《ジョンヒ》前代表、逮捕された李石基前議員の3人で、「彼らが戻ってきて初めて民主主義だ。親日派大統領に立ち向かった彼らは従北にさせられ報復された」と書かれていた。従北派から見ると、まさに朴槿恵こそが親日派で、だから弾劾の対象だったのだ。

変造された朴槿恵を親日派として糾弾するポスター。

次期大統領候補・李在明の危険な歴史観

尹錫悦大統領が当選した2022年の大統領選挙で、わずか0・7%差で敗れた第1野党「共に民主党」代表である李在明も、この歴史観に支配されている。李が危険なのは、2024年4月の韓国国会議員選挙で李が率いる「共に民主党」が大勝し、完全に政治の主導権を握るなか、本書執筆の2025年3月の段階で、尹錫悦大統領が弾劾され、5月に早期大統領選挙が実施されることが決まったからだ。

李の危険な歴史観について指摘しよう。彼の歴史観は「反日反韓史観」そのものだ。

李在明は、過激な反日発言を繰り返してきた。2016年11月に締結された日韓軍事情報包括保護協定（GSOMIA）に対して、「事実上の敵国である日本に、軍事情報を無限提供するという、売国的な軍事情報保護協定締結を、ただちに中断することを要求する。軍事的側面で、日本は相変らず敵性国家であり、日本が軍事大国化する場合、最初の攻撃対象が韓半島になることは明らかだ」と日本を敵国だと明言した。

慰安婦性奴隷説に立ち、日韓慰安婦合意も非難している。

ある家に集団強盗が押し入り、盗み、壊し、殺し、奪い尽くした。その家の女性たちは子供も大人も関係なく強姦され殺され性奴隷になった・強盗が出て行った後、家族が恨みと苦痛に苦しめられているとき、集団強盗の一員だった祖父が現れ、家族の意見を聞かずに賠償金と小遣いとしてたった1000万ウォンを受け取り、すべての請求権を放棄した。悔しさで胸がふさがれていた家族が茫然自失しているときに、被害者である娘たちが立ち上がり、孤独な戦いを始めた。とうとう隣人まで同調すると、集団強盗たちは、今は母になった昔の集団強盗の一員の娘にもみ消しを頼み、その母は父親の前例に従って泣き叫び反対する娘たちの意見を黙殺して合意した。

（略）

合意内容は実にあきれたものだ。娘たちの強姦問題については永遠に賠償要求はもちろん、言及さえしない。町内にうわさも立たない。強姦性奴隷の痕跡はきれいに消す。誰も二度とこの合意を覆すことはできない。娘たちへの賠償問題は被害者側が自分たちで処理する。集団強盗は法的責任はなく、すまないという気持ちで強奪金や被害金額とは関係なく、わずか10万ウォンを支払う。その10万ウォンのはした金さえも強姦性奴隷の痕跡を消して初めて支給すると開き直っている集団強盗らだ。（２０１５年12月ＳＮＳ）

彼の反日は、実は韓国の建国以来の歴史を否定する反韓につながっている。韓国は親日売国勢力の国だと主張している。

私たちの現代史は光と闇でつづり合わされている。「3・1独立万歳革命」と「4・19革命」、80年5月光州民主化運動と87年6月抗争のように花火のごとく燃え上がった闘争の日々があったし、分断と韓国戦争、「5・16軍事クーデター」と光州虐殺の痛みに続いて、底なしに墜落していった9年間の李明博《イミョンバク》、朴槿恵政権もあった。

歴史を振り返ってみると、百姓たちを収奪し暴政をほしいままにした権力者がみずから退いたことはない。韓国現代史もそうだ。国を売って分断を招いた者たちが既得権を占めた。戦車を操って民主主義を破壊した者たちが国民の数百名の胸板に銃弾と銃剣を突き刺し、鉄の芯が入った棍棒を人々の頭にたたき下ろした。そのような者たちが処罰も問責も受けず、今まで良いものを食べ、良い暮らしをしている。既得権者になった彼らは国民が血を流して成し遂げた闘争の成果を決定的瞬間に奪うことを反復した。しかし、それでも国民の闘争と抵抗が継続されたのでここまで来ることができた。（『李在明、大韓民国を革命せよ』２０１７年1月、8～9頁）

北朝鮮・中国寄りへとシフト

李在明はさらに、現代の韓国を支配する親日・独裁・腐敗勢力を打倒する革命を呼びかける。

力とお金を持つ少数の既得権勢力は、法と秩序に違反して利益を得た。法と道徳に違反すればするほどより大きく保護を受けた。

自由で平等であり正義が貫かれなければならない大韓民国が、なぜ、このようにまでなってしまったのか。いろいろな理由があるが、何よりも清算すべき旧悪たちを処理できなかったせいだ。今でも解放70年間、重なってきた積弊をただすべきだ。大韓民国政府樹立段階［李在明は1948年の大韓民国建国を認めない立場に立つので政府樹立という用語を使う］から最初のボタンの掛け違いがあった。米軍政の支援を受けた李承晩政権は親日売国行為者を処罰しなかった。むしろ日帝にへつらい奉仕し、百姓たちを収奪した親日売国勢力を軍、警察、官僚の要職に重用した。（略）独裁と不正腐敗で延命していた李承晩政権は結局、国民の闘争で崩壊した。（略）しかし、革命は完遂しなかった。血を流して戦い取った民主主義だったが、朴正煕が戦車を先頭に立てて軍事クーデターを起こし強奪してしまったからだ。日本の王［天皇のこと］に犬と馬のように忠誠を捧げるという血書を書いて日本軍将校として出世し独立軍を捕まえようと活動した朴正煕は親日売国勢力を清算するどころか、その変種を育てていった。

不均衡発展、財閥体制形成など腐敗既得権勢力を拡大し、強化しつつスパイ事件でっち上げと緊急措置［朴正煕政権が70年代に制定した維新憲法に規定された大統領の非常権限］を利用して鉄拳統治を続けていった。その後、朴正熙軍事政権は金載圭《キムジエギュ》［中央情報部長］の銃弾によって倒れたが、そのときも歴史は清算されなかった。すでに強力な資本を所有し政治、軍事、行政、社会、文化の各分野で確固たる地位をつかんでいた親日・独裁・腐敗勢力は新しい時代に合った新しい方式で力を蓄え結託して勢力を固めた。

朴正熙体制が突然、崩壊したとき、国民は新しい政治秩序を夢見て、民主的未来に対する期待に浮かれていた。しかし、その年の12月12日、当時保安司令官だった全斗煥と新軍部は再び軍事クーデターを起こした。そして１９８０年５月、新軍部は光州で国民が与えた銃剣と棍棒で無辜《むこ》の国民数百人を虐殺して支配者として堂々と帰還した。１９８７年６月には、再び軍事独裁に対する抗争が強まった。６月、全国の街々で催涙弾と暴力団に対抗して数多くの人々が犠牲となり、全国民が闘争した代価により新しい時代が開けるかと思った。しかし、また欺瞞的な「９・29宣言」［当時の与党代表だった盧泰愚《ノテウ》が行った民主化宣言、大統領直接選挙制の受け入れ、野党政治家の政治活動完全自由化、言論の自由を保証した］によって未完の革命に終わってしまった。

親日・独裁・腐敗勢力は依然としてわが社会のすべての領域で大韓民国を支配している。（同23〜26頁）

そのうえで、韓米同盟ではなく、米国と中国の中間に立つことを目指すと公言する。大陸勢力と海洋勢力のバランサーを志向する。

北朝鮮は協力と交流を通じて朝鮮半島に平和体制をともに構築していかなければならない私たちの対話相手だが、一方ではまさに目の前で軍事的に対置している相手だという事実も否定できない。（略）同盟国は基本的に自身の利益のために行動するのであって、私たちの利益のために自身の利益を放棄しないのだ。

したがって賢明な外交は「おまえと俺」の利益をたくさん作ることにある。米国、日本、中国、ロシアの4大強国は現在までは朝鮮半島の分断状態を維持したいというのが、私の考えだ。自国の利益のためにある程度は朝鮮半島の緊張状態を維持することを願っているだろう。国民の生命と安全を守る手段として考えなければならない。同盟関係を盲目的に追従すれば、朝鮮半島情勢は、私たちの願わない方向に流れていくしかない。

外交、特に大陸勢力と海洋勢力が衝突する半島国家の外交は、国益と自主性を高めながら均衡を重視する外交でなければならない。外交関係で同盟を根幹にしなければならないことは否定できない現実だが、そうだとしても同盟関係に従属してはならない。私たち自身を中心に置く強力な主体的意志が緊要だ。最も強力な友邦である米国との韓米同盟は深化発展させなければならない。そうだからといってその関係が従属的ではだめだ。

ところで、李明博政府、朴槿恵政府は韓米関係を従属関係に転落させてしまった。私たちは国益を中心に置いて自主的で均衡のとれた外交を展開しなければならない。そうでなければ、地政学的に大陸勢力（中国、ロシア）と海洋勢力（米国、日本）が衝突する半島に位置する私たちの国は、旧韓末［李氏朝鮮末期］のように強大国につぎつぎと収奪される運命にたやすく転落してしまう。

中国が世界強国として浮上し米国と競争している現状況では、よりいっそう自主的で均衡的な外交を志向しなければならない。（同160～161頁）

大陸と海洋の中間に位置した私たちも知恵を発揮しなければならない。片方の不利な要求は他の側の力を借りて防ぎ、一方の側からの必要な支援は反対側の力を借りて得るという外交能力が必要だ。（同161～162頁）

以上の内容だけを見ると、李在明が権力を握れば、韓米同盟を弱体化し、北朝鮮・中国の側に韓国を持っていこうとすることは明白だ。このような危険な政治家が、今、韓国政治で決定的な力を持っている。その意味で韓国政治は大変心配な状況だ。このまま進めば、以上に見たような過激な反日・反韓的な考えの左派政権が再度登場する可能性が高まる。

北朝鮮への忠誠心

北朝鮮は韓国への政治工作をやめたが、その工作によって作られた巨大な「反日反韓史観」はいまだに韓国社会を支配している。その権化とも言うべき李在明が次期大統領に選ばれる危険性が高まっている。

ところが、先述のとおり、２０２３年末から２０２４年初め、金正恩が韓国の親北朝鮮勢力を事実上切り捨てる統一否定宣言を行い、対南工作部門を解体した。

それに対して、国会で多数を占める第1野党代表である李在明をはじめとする韓国の親北朝鮮左派は当惑した。「メンタル崩壊状態だ」と、転向した元主体思想派活動家は私に話した。

先に書いたように、北朝鮮と連帯して統一運動を行ってきた汎民連南側本部や「6・15共同宣言」実践南側委員会などの親北朝鮮組織がつぎつぎに解散した。

李在明は当惑のあまり、金日成、金正日の立場に立って金正恩を叱りつけた。主体思想の立場から金正恩を叱ったのだ。

2024年1月19日、「共に民主党」最高委員会議で、李在明は「先代たち、ウリ（私たちの）北韓の金正日また金日成主席の努力を非難、毀損されないように努めなければならない」と語った。

北朝鮮に「ウリ」という言葉を使っていることに驚く。彼が忠誠心を持つ対象は大韓民国ではなく北朝鮮だという心の内が現れている。

そして「先代たち」という単語を金日成、金正日に対して使っている。彼には世襲独裁への批判がないことがわかる。そのうえで金正恩の路線転換に対して、「金正日また金日成主席の努力を非難、毀損」するものだと叱っている。

しかし、この李在明発言が、韓国の国家正統性を否定し、北朝鮮による赤化統一を支持する危険なものだという点は、韓国内ではほとんど問題にならなかった。本来なら、この発言一つで彼の政治生命が危うくなってもおかしくないはずだが、そうならなかった。

切り捨てられる(?)主体思想派

李在明に代表される韓国の親北朝鮮左派は、北朝鮮が政治工作を通して韓国社会に浸透させた「反日反韓史観」にずっぽり浸かっている。

ただし、2025年1月にソウルで複数の保守派知識人から聞いた李在明評は少し異なった。李在明は「反日反韓史観」に浸かっている点は間違いないが、純粋な主体思想派ではないという。彼はたたき上げの権力主義者で、主体思想派を利用して権力の階段を上がってきたが、本人は実は主体思想など信奉しておらず、北朝鮮主導の赤化統一など目指していないという有力情報をソウルで聞いた。

たしかに、彼は極貧家庭に生まれ、小学校卒業後、父の命令で工場労働者になり、腕を骨折して今もその後遺症で片手が不自由である。苦学して中学と高校の卒業認定試験に受かり、中央大学校の法科に、生活費までもらえる奨学金をもらって入学し、司法試験に合格し、左派人権弁護士となった。京畿道城南市で市立病院設立の市民運動を行い、その延長線上で城南市長、京畿道知事になった立志伝的人物だ。

市長時代に朴槿恵弾劾騒ぎがあり、そのとき、過激な言動で弾劾を求め、人気を集めた。過激な反日言動でも有名だった。文在寅と野党大統領候補をめぐって争っているとき、左派の支持を得るために訪朝を画策して、側近が北朝鮮に送金したことは事実だが、あくまでも権力を握るための手段として北朝鮮に近づいただけだという見方がある。この見方に立つと、李在明の周囲には今も「京畿東部連合」系列の過激な主体思想派が集まっているが、彼が権力を得たならば、邪魔になる主体思想派を容赦なく切るだろうという。

2025年3月のソウル取材では、もっと驚くべきことを知った。与党「国民の力」が尹錫悦大統領の人気回復に引きずられ、極右、すなわち、放置を否定し暴力を肯定し不正選挙陰謀論と戦わない方向に大きく移動したため、中道派が与党から離れた。機を見るのに敏な李在明は、自分は左派ではなく中道保守だと主張し、韓米日連携の重要さを認め、日本の国防力増強を支持する発言さえ行った。

そして、複数の韓国政治に詳しい韓国人ジャーナリストから、「李在明は文在寅が嫌いだ。政権を取ったら文在寅を逮捕する可能性がある。前回の大統領選挙で勝てなかったのは文在寅のせいだと恨んでいる。当時、『共に民主党』の大統領候補を決める党内の予備選の過程で、ライバルだった李洛淵《イナギヨン》元首相を勝たせるため、文在寅政権中枢が李在明の市長時代の都市開発に絡む大規模不正事件をリークしたからだという」という話を聞いた。

一方、北朝鮮は、文在寅政権後半に、左派政権であっても韓国と交われば韓国に関する情報が入ってくるので、壁を築いて対韓鎖国を行うという方針を固めており、それは李在明政権ができても変わらないはずだ。

ただし、だからといって李在明政権に対して安心できるわけではない。彼は主体思想を信奉していなくても、「反日反韓史観」は固く信じている。先に紹介した慰安婦問題に関する彼の認識は、まさに「反日反韓史観」そのものであり、事実に反するもう一つの「陰謀論」だ。だから、彼が権力を握れば、支持率を上げるために、いつでも反日を強力に打ち出すだろう。

繰り返しになるが、「反日反韓史観」からすると、北朝鮮の金日成こそが民族の正統性を代表する人物で、その後継者である金正恩主導の統一こそが民族主義の立場から正しいと考えざるを得ない。ところが、韓国の現代史が成し遂げためざましい成果によって、韓国による統一、すなわち自由統一を、大多数の北朝鮮住民が熱望しており、それを恐れた金正恩は統一を放棄した。民族史における韓国の勝利であり、その当然の帰結が韓国による自由統一なのだ。

韓国の政治家、知識人らがその大きな流れに気づいていない。それどころか、慰安婦問題など事実無根の反日宣伝を根拠にした「反日反韓史観」がいまだに、韓国の保守派、左派を問わずほとんど全国民の共通認識なのだ。

韓国の保守自由主義の未来

尹錫悦大統領は、米韓同盟再建、その延長線上での日韓関係改善を成し遂げた。彼は安保においては保守だったが、歴史認識においては「反日反韓史観」を乗り越える努力をしなかった。より正確に表現するなら、彼もきちんと勉強しないまま「反日反韓史観」をそのまま信じていた。

ここで私は、「反日反韓史観」がいまだにほとんど全韓国国民の共通認識だとした。「ほとんど」と書いたのは、数パーセントではあるが、事実に基づく近現代史歴史観を韓国の中で主張しているグループが２０１９年から活発に活動を始めたことを意識しているからだ。日韓でベストセラーになった『反日種族主義』（２０１９年）を出版した李栄薫《イヨンフン》教授グループ、５年以上も日本大使館前などに立てられた慰安婦像撤去運動を体を張って展開している金柄憲《キムビョンホン》慰安婦法廃止国民運動代表、李宇衍《イウヨン》落星台《ナクソンデ》経済研究所研究委員ら尊敬する先生、友人らがいるからだ。

本章の最後に、韓国の次期大統領が李在明になろうが、あるいは保守側の候補が再度、大統領になろうが、日韓の間で歴史認識問題は再燃することを強調しよう。その理由は、日韓の歴史認識問題が起きる理由は、日本が反省していないからではなく、韓国に「反日反韓史観」が蔓延しているからだ。

私は「産経新聞」紙面や月刊誌論文などで、選挙不正論という陰謀論が韓国を席巻しており、尹錫悦大統領がそれに汚染されて戒厳宣布を行い、その結果、韓国保守勢力が陰謀論を信じて暴力を肯定する右翼全体主義と陰謀論と戦う保守自由主義に分裂したと書いた。本書の第4章がその集大成だ。

私は2025年1月、ソウルで面会した趙甲済《チョガプチェ》氏に、「選挙不正陰謀論と戦わなければ韓国保守の未来がないという趙甲済先生の主張に全面的に賛成だが、それだけでは韓国保守の再生はできないと思う。歴史認識における陰謀論である反日反韓史観と戦うべきだ。具体的には慰安婦や戦時労働者の強制連行や性奴隷、奴隷労働という嘘を韓国保守派が事実に基づいて乗り越えないと、左の側の全体主義と戦えないのではないか」と問題提起した。

趙甲済氏は、「まず不正選挙陰謀論と戦う。自分はこれまで一度も慰安婦や戦時労働者問題を取り上げたことはない。その必要を感じなかった」と答えた。

自由統一の担い手たる韓国保守自由主義者たちが、北朝鮮が韓国を赤化統一するために仕掛けた「反日反韓史観」とも戦う姿勢を見せるかどうか、「反日種族主義」グループと趙甲済氏ら主流の保守自由主義者が結合し、左右の陰謀論を戦っていくのかどうかを見極めたい。

第９章　朝鮮半島の歴史的大変化と日本

日本の安全保障に深く関わる半島情勢

ここまで本書では、２０２４年に北朝鮮の３代目の世襲独裁者金正恩《キムジョンウン》が、祖父金日成《キムイルソン》と父金正日《キムジョンイル》が至上課題としてきた民族統一を否定するという驚くべき路線変更を行ったこと、一方、韓国では、不正選挙陰謀論を信じた尹錫悦《ユンソンニョル》大統領が軍隊を国会と選挙管理委員会に送る戒厳令宣布を行ったが失敗し、弾劾・訴追され内乱罪容疑で逮捕されるという、やはり驚くべき事件が起きたことについて、さまざまな角度から論じてきた。朝鮮半島の現代史の大転換が今起きているのだ。

朝鮮半島の現代史は自由民主主義と独裁主義の対決だった。

その対決で北朝鮮が負けた。本書で詳しく見てきたように、韓国の豊かで自由な姿を知った大多数の北朝鮮住民が韓国に憧れ、韓国主導の統一を望むようになり、それを恐れた金正恩が統一を放棄したからだ。

まさに韓国主導の自由統一の機会がきたのだ。ところが、その主体となるはずの韓国政府が、陰謀論にむしばまれて、尹錫悦大統領が、北朝鮮の工作で自由民主主義体制が倒れる寸前だとして戒厳令を宣布し、国をガタガタにした。

このような朝鮮半島の大変化は私たち日本にとってどのような意味があるのか、大きく変化する北朝鮮と韓国に私たちはどう付き合うべきなのかを、本書の最後に論じたい。

わが国にとって朝鮮半島情勢は、第一に安全保障問題だった。半島全体が敵対的な勢力の手に落ちると、わが国の安全に重大な脅威となるということが、古代からずっと続く問題意識だった。言い換えると、半島を敵対勢力に渡さないことがわが国の戦略目標だった。歴史を概観しておく。

古代に友好国百済《くだら》が新羅《しらぎ》と唐《とう》の連合軍に滅ぼされたとき、わが国は百済再興のために海を越えて派兵し、白村江《はくそんこう》の戦いで、新羅・唐連合軍に敗れた。その結果、敵対的な新羅が半島を統一した。戦略的な危機だ。そこで新羅・唐連合軍が九州に攻めてくることを想定し、防人《さきもり》制度を作って全国から九州に兵を送り、博多には上陸してくる新羅・唐連合軍を迎え撃つための要塞として水城《みずき》を築いた。そのときは新羅が半島統一の最終段階で唐と戦争をしたので、日本侵攻はなかった。

中世になり、モンゴルが高麗《こうらい》を攻めた。高麗王が降伏した後も、日本の武士に似た武装集団「三別《さんべつ》抄《しょう》」が済州島でモンゴル軍に抗戦した。その抗戦が続いている間、モンゴルは日本侵攻をしなかった。「三別抄」が敗退した後、高麗、モンゴル連合軍が九州に攻めてきた。元寇である。そのとき、鎌倉武士らは水城を使って戦った。

豊臣秀吉は朝鮮を通って明《みん》を攻めようとしたが、明の冊封《さくほう》体制［中国歴代王朝が周辺諸国と形成した国際秩序」に組み込まれていた朝鮮は、明の援軍を得て秀吉軍と戦った。この場合、中国の王朝は半島全体が彼らにとっての敵対勢力の手に落ちることを防ごうとして派兵した、と考えることができる。

日清、日露戦争はまさにわが国の敵対勢力が半島全体を支配することを防ぐために戦った戦争だった。主たる戦場は朝鮮半島と満州だった。特に日露戦争では、白人国家の近代的軍隊に対して、有色人種の新興国日本が明治維新後、急遽作り上げた日本軍が挑んだ戦いだった。この戦争で負けていれば朝鮮と日本はロシアの植民地になっていた可能性があった。日露戦争でのわが国の勝利は白人文明国に苦しめられていたインドやトルコなどアジア諸民族にとって大きな希望となった。

日本は35年間、朝鮮を植民地統治した。莫大な投資を行って朝鮮を近代化するために努力した。その間、朝鮮の人口は約2倍に増え、経済成長率は人口増加率を上回った。統治期間中、本国予算から朝鮮総督府に資金が持ち出され続ける赤字経営だった。黒字に転じた台湾経営とはその点が異なっていた。

日本にとって朝鮮統治の第一の目的は安全保障だった。半島が経済発展し安定していて、敵対勢力が入り込む隙を与えないことが、第一だった。半島全体が敵対勢力に支配されないようにするという、古代以来の戦略目標がここでも確認できる。

朝鮮統治終了後の日本外交

1945年、大東亜戦争に日本が敗北したことにより日本の朝鮮統治は終了した。1948年、朝鮮は南北に分断され、南には国連が正統性を認めた韓国が建国され。北にはソ連が主導して樹立した共産党独裁政権ができた。

1950年、北朝鮮はソ連が提供した大量の兵器を使って韓国を奇襲攻撃した。国連安保理事会は北朝鮮軍の攻撃を国際法違反の「侵略」と規定し、米軍を主軸とする国連軍が結成され北朝鮮軍と戦い、北朝鮮地域を解放する直前までに至った。ところが、中国共産党政権が軍事介入して国連軍を攻撃し、一度解放された北朝鮮地域が再度共産党の独裁支配下に戻ってしまい、1953年、休戦が成立して現在に至る。

1952年、日本は米国などとサンフランシスコ講和条約を結び独立を回復し、同時に米国と安保条約を結んだ。自由陣営と共産陣営が深刻に対立した冷戦時代に、わが国は自由陣営の一員となり共産主義との戦いに加わった。

ところが、わが国の中には共産陣営を公開的に支持する勢力、中立を志向すると言いながら事実上共産陣営を支持する勢力が存在し、国内でも政治的、思想的、文化的な冷戦が戦われた。1960年の日米安保条約改定と1965年の日韓国交正常化ではその国内の戦いが表面化した。

また、1970年代から1980年代、北朝鮮が朝鮮総連などを使って日本への政治工作を強め、日本国内では北朝鮮からの強い軍事圧力を受けるなか必死で冷戦を戦っていた韓国の朴正熙《パクチョンヒ》政権への批判が高まった。しかしその批判は、北朝鮮の独裁体制への批判を伴わない、著しく偏ったものだった。

韓国は朴正熙、全斗煥《チョンドゥファン》政権時代に高度経済成長を遂げ、1987年に憲法を改正して政治民主化を実現した。

１９８８年、ソウル・オリンピックにはソ連、中国をはじめとする共産陣営の諸国が大挙参加した。この時点で南北の体制競争で力関係が逆転し、韓国の勝利がほぼ確定した。１９９０年代に入り、北朝鮮では人口の15％にあたる３００万人が餓死し数十万人が脱北して国内のすさまじい人権抑圧が明らかになった。

本来ならわが国は、１９９０年代に体制競争に勝った韓国との連携を強め、北朝鮮解放、すなわち韓国による自由統一を目指すべきだった。ところが、１９８０年代はじめから日韓で歴史認識問題が外交問題として浮上し、日韓の連携、特に反共の立場を取る保守派同士の連携が難しくなった。この後ろには北朝鮮の工作があったことは間違いない。そもそも本書第８章で見たように、１９７０年代末から北朝鮮の韓国への政治工作は歴史認識問題、すなわち「反日反韓史観」を使ったものだった。

北朝鮮の「悪」にどう対応するか

私は20年間、自由統一のための日韓協力の重要性と当為性について繰り返し主張してきた。２００５年にはそれを主題にして『韓国分裂　親北左派vs韓米日同盟派の戦い』（扶桑社）を書き、２００６年には韓国で翻訳出版された。同書の結論で私は、〈「金正日は悪」認識で連帯を〉と題して、こう書いた。

ブッシュ米大統領は２００２年1月の一般教書演説で、北朝鮮を「悪の枢軸」と断定した。「悪（evil）」という表現は、「矯正不可能、打倒すべき」という明確な価値判断を含んでいる。現

在の朝鮮半島問題を考える際、このブッシュ大統領の価値判断に賛成するかどうかが、もっとも根本的な問題となる。(略)
すなわち、「日本人と韓国人を大量に拉致していまだに返さず、朝鮮戦争を仕掛け大韓機爆破など多くのテロを行い、自国民を飢えさせながら、ミサイルと大量破壊兵器で武装している金父子政権」は人類の普遍的価値観から見て「悪」である。この「悪」認識が、朝鮮半島問題の大前提になる。(略)
ここで私は、「日本政府は金正日政権に対して明確に『悪』だという価値判断を下し、北朝鮮の政体変更を政策目標にすえよ」と提言する。(略)
一番大きな問題を抱えているのは韓国だ。(略)盧武鉉は核問題で米朝が対立した場合、仲介に立つと公言して当選した。金正日政権を「悪」と断定せず、金正日政権との共存と助け合いを「民族」の名前で正当化している。その背景には、1980年代から周到に進められてきた北朝鮮の工作、具体的には左傾民族主義を基礎とする反韓史観の拡散がある。(略)
東アジアにおいては日米、米韓の2つの同盟があり、日韓は在日、在韓アメリカ軍を媒介にして事実上の準同盟関係にある。(略)朝鮮半島に限定して語るなら、この同盟関係は金父子政権が赤化統一を目指して再び南侵戦争を仕掛けてくることを抑止するという共通の利害関係に基づき維持されてきた。力の均衡で国益を守るという現実主義的立場が機能してきたといえよう。
冷戦時代、自由民主主義体制の優位を示すという価値観の表明がこの同盟の基礎にあったことも事実だ。ソ連の崩壊で冷戦にアメリカが勝利した後、金父子政権が「反韓史観」を宣伝媒体としてこの同盟の弱体化を図ってきた。韓国内でその政治工作がかなり成功を収めている時点で、ブッシュ「悪の枢軸」演説があった。ブッシュ演説は、現実主義を超え普遍的価値観に立って、金正日政権を「悪」と断定することで、この同盟に金正日打倒のための連帯という新しい意味を加えたのだ。

韓米日三カ国と北朝鮮内人民はブッシュ演説の「悪」認識を共通理解とし、金正日政権を当面の敵とする点で一致できる。この点で一致できる日本、アメリカ、韓国そして北朝鮮内のすべての勢力が、歴史観の一致を求めず、自由民主主義体制の下に平和で繁栄した東アジアを築くという価値観とビジョンを共有すべく努力することが求められている。

金正日政権を金正恩政権と置き換えること以外、何も修正する必要を覚えない。私の変わらない信念だ。

韓国の保守自由主義に期待

私が企画委員兼研究員として参画している日本の保守シンクタンクの国家基本問題研究所は２００９年に「韓国による自由統一推進を戦略目標とし中国の半島支配を防げ」とする以下のような政策提言を発表した。

〔政策提言〕

1　韓国による自由統一推進をわが国の戦略目標とし、北朝鮮急変事態に備えよ。
2　日本政府は２００９年６月16日にオバマ・李明博が表明した「自由民主主義と市場経済に則った平和統一を志向する」と明記した自由統一ビジョンを早急に支持せよ。
3　北朝鮮急変事態に備えた日米韓３カ国の戦略対話を政府レベル、軍（自衛隊）レベル、民間専門家レベルで充実させよ。
4　戦略対話の中では、米韓軍北進作戦が発動された場合、日本がどのような協力を行うのか、拉致被害者の安全確保と救出のために米韓両国にどのような協力を求めるかも十分に詰めておくことが求められる。
5　自由統一の主体はあくまで韓国だが、日米両国は韓国内の自由統一推進派を積極的に支援することによって日米韓友好の新たな地平を開くべきだ。

同研究所は２００９年、櫻井よしこ理事長を団長とする代表を韓国に送り、韓国の保守派リーダー、元軍人、政治家らとこの提言をテーマに討論を行った。

凶弾に倒れて殉職した安倍晋三元総理大臣もほぼ同じ考えを持っていた。２０１３年３月１日、２回目の総理大臣就任直後に安倍総理は趙甲済《チョガプチェ》前『月刊朝鮮』編集長の単独インタビューを受けた。そこで以下のように明確に自由統一を支持すると語った。

日本と韓国は自由や民主主義そして資本主義経済という普遍的価値を共有する最も大切な隣国

であり、日韓関係は極めて重要な関係だと思っています。

同時に、日本は米国と同盟関係にあります。そして韓国は米国と同盟関係にあります。つまり、アジア太平洋地域の平和と安定を確保していくうえにおいても、日本と韓国そして米国の３か国が連繋をしていくことは極めて重要なことです。そういう観点からも、日韓が緊密な連携をしていくことが求められていると思います。

同時に、日韓の人の交流も年間５５０万人になっています。経済関係においても切っても切れない関係になっています。両国政府だけでなくて、国民同士のこうした関係を常に念頭に置きながら、それを将来に発展させていくことが両国の繁栄につながっていくだろうと思います。それは両国だけでなくてアジア太平洋地域の平和と安定、そして繁栄につながっていくと思います。

私は朝鮮半島が平和的に統一をされて、民主的で自由な、資本主義で法の支配を尊ぶ統一国家ができることがふさわしいと考えております。

いずれにせよ、北朝鮮の現状というのは、文化的生活を維持することを、多くの国民ができないという状況になっている。そして、人権が著しく侵害されているという状況に、私も胸が痛む思いです。

このインタビューを行った趙甲済氏は２０１３年に日韓関係について次のような提言を韓国で行っている。

・韓日関係の争点整理
難しい問題を後回しにしてやさしい問題から解いてこそ試験はうまくいく。
・韓日関係で韓国が指向しなければならない価値と国益は何か
韓国の自由民主主義体制を守り、これを威嚇する北朝鮮の核武装を無力化させ、韓国主導の韓半島統一を、日本が助けるか、少なくとも妨害にならなくさせることだ。
・領土および歴史観問題は解決が可能なのか
難しい。領土問題を無理に解決しようとすれば武力を使うか、断交することになる。歴史観の違いは相互理解を通して一致点を探すことができるが時間がかかる。
・そうであるなら領土および歴史観問題は至急に解決すべきなのか
至急でない。日本が武力で独島を占領する可能性はほとんどなく、歴史観の違いは韓国の安保にただちに脅威とならない。
・領土および歴史観問題の解決を韓日関係改善の前提条件とするのか
ただちに解決できない問題の解決を前提条件とすれば緊急な現在と未来の問題を解決することはできない。
・領土および歴史観問題はどのように扱わなければならないのか？
韓国の主張を説得力があるように表明し続けていくものの、過去の問題に執着して今日と明日の友好協力関係を犠牲にさせてはいけない。領土と歴史観問題はいくら努力しても解き難い。難しい問題は後日に先送りして、やさしい問題から解いてこそ試験がうまくいく。北核への共同対応問題はやさしい。やさしい問題から解いて見れば難しいものも自ずと解けることがある。

・韓国言論の日本報道は正常か

事実報道と論評を区分しなければならない。日本でおきていることに対する客観的で正確な報道をした後に、論評が加えられなければならない。記事の文章の場合「妄言」「極右」「軍国主義化」のような主観的で感情的な表現は先入観を植え付けて事実把握を難しくする。反国家団体である北朝鮮政権の国防破壊者金正日を「国防委員長」と表記する言論が、天皇といわないで日王というのが適切かも考えてみるべきことだ（韓国政府の公式呼称は天皇）。

・日本は韓国に害だけ及ぼしているのか

核対応、北朝鮮の人権弾圧、朝鮮総連圧迫、経済交流、文化交流、観光分野では協力関係だ。特に米国を媒介として韓米日同盟体制が機能を果たしておりこれが東北アジアの安全弁だ。韓国が北朝鮮軍の南侵を受ければ日本は戦う韓米軍の後方基地の役割をする。（略）

・領土および歴史観問題で韓国が中国および北朝鮮と手を握るのが可能なのか

韓国が安保上の敵である北朝鮮と、北朝鮮の軍事同盟国である中国と協力して日本を圧迫する局面を見せれば日本世論はもちろんのこと米国も反発するだろう。その結果は韓国の安保上の損害として現れるだろう。

・北朝鮮政権の韓日関係に対する戦略は何か

韓日関係を悪化させれば自動的に韓米日同盟関係を弱体化させられると見ている。金日成は韓米同盟、韓日友好関係を両班《ヤンバン》［朝鮮王朝時代の支配階級］がかぶった冠のあごの下で結ぶ２本の紐として比喩したことがある。2本の紐を切れば冠（韓国）は風に飛ばされていくという意味だった。

・韓日関係の優先順位をどのように決めるか

――安保および統一問題、特に北核問題の解決で韓日は協力しなければならない。このためには韓米日同盟を強化して、韓米日ミサイル防御網構築に参加して、韓日軍事情報協定も結ばなければならない。

――韓国主導の韓半島統一に日本が協力するようにしなければならない。

――経済関係と国民親善の拡大

――領土および歴史観葛藤の最小化

・韓日問題解決の原則

国民対国民の感情の悪化を警戒しながら、「政経分離、武力不使用、国民親善の強化」を原則に据える。過去の葛藤と違いを未来の協力によって解決しようとする知恵を発揮する時だ。国家間関係で力となるのは感情より国力だ。国力の中には国民の教養も含まれる。

このような合理的な日本認識を持つ保守自由主義派が韓国には多数存在する。拙著『日韓「歴史認識問題」の40年』に詳しく書いたように、2019年からは、韓国の反日が、歴史的事実に基づかない親北朝鮮左派による政治工作であり、その悪影響で韓国の自由民主主義体制が危機に陥っていると考える「アンチ反日運動」が、学者、ジャーナリスト、国民運動家らによって開始された。

韓国では2024年12月の尹錫悦大統領の戒厳宣布以降、この合理的対日本認識を持つ保守自由主義者が、陰謀論を信じ暴力を肯定する保守全体主義勢力と激しく戦っている。その状況は本書第４章で詳しく書いた。

政治家の中にも問題の本質を理解して、保守を立て直そうと戦っている人もいる。選挙不正陰謀論と激しく戦ってきた李俊錫《イジュンソク》（「改革新党」の国会議員）や、戒厳宣布に即時反対の意思表示をして国会での戒厳解除決議を与党代表として主導した韓東勲《ハンドンフン》「国民の力」前代表がなどだ。

ここでは韓東勲が、尹錫悦弾劾訴追に賛成したことを理由に与党代表を辞任させられたときに出した声明を紹介しておく。

２０２４年12月16日、韓東勲「国民の力」代表辞任声明

国民の力党代表職を辞任します。最高委員の辞退で最高委員会が崩壊し、これ以上党代表としての正常な任務遂行が不可能になりました。今回の非常戒厳事件で苦痛を受けたすべての国民にほんとうに申し訳ありません。２０２４年、先進国の大韓民国に戒厳令だとは、どれほど怒り失望されたことでしょう。弾劾で心を痛めている支持者の皆様に大変申し訳ありません。そんなお気持ちを考えながら、弾劾ではなくこの国により良い道を探そうと、あらゆる努力をしましたが、結局そうすることができませんでした。すべて私の力が不足していたためです。すみません。

皆様、わが国民の力は12月３日夜、党代表と議員が国民と共に一番先頭に立ってわが党が輩出した大統領が行った不法戒厳を防ぎました。憲法と民主主義を守りました。私はそれがほんとうの保守の精神だと思います。私が愛する国民の力の精神だと思います。私たちが不正選挙陰謀論

者たち、極端なユーチューバーたちのような極端主義者たちに同調したり、商業的に生産する恐怖に蚕食されれば、保守に未来はないでしょう。

その夜、戒厳を解除できなかったら、翌朝から街に出てきたわが国の市民、わが国の若い国民の間に流血事態が起きた可能性があります。その夜、私はそのようなことを防げないのではないかと大変恐れました。いくらわが党から輩出した大統領がしたことであっても、わが党が軍隊を動員した不法戒厳を擁護したかのように誤解されるのは、産業化と民主化を同時に成し遂げた偉大な国と国民を、保守の精神を、わが党の輝く成就を裏切ることです。

一昨日、議員総会から一部議員の激昂した辞退要求を受けて出てきたとき、ある若い記者の一人が、党代表を追われる理由になった今回の弾劾賛成を後悔しているのかと尋ねました。しばらくの間、多くの考えが、私の人生の多くの場面が通り過ぎました。心を痛める支持者の方々を考えると、ほんとうにつらいですが、依然として後悔していません。私はどんなことがあっても大韓民国と主権者国民を裏切らないと約束したからです。

けれども、戒厳が誤りだからといって、民主党と李在明《イジェミョン》代表の暴走と犯罪疑惑が正当化されるわけでは決してありません。李在明代表の裁判の時計は止まらず進んでいます。残りわずかです。国民の皆様に感謝いたします。批判してくださった国民の皆様にも感謝いたします。党員同志たちと党役員たちにも感謝します。国が良くなってほしいです。ありがとうございます。［傍線西岡］

韓東勲氏は12月3日夜、尹錫悦大統領が、与党代表の自分にも事前通報なしに突然戒厳令宣布の談話を発表したとき、その会見が終わるまでの間に、即時にこれは「戒厳は違憲・違法」と判断して、与党代表としてすぐ記者らに連絡して、戒厳宣布のニュースとほぼ同時に、与党代表が戒厳に反対しているというニュースが流れるようにした。その後、素早く十数人の与党議員を連れて国会議場に入った。

実は、韓氏が国会に向かう途中、ある与党有力者から戒厳軍が韓氏を逮捕する恐れがあり、逮捕されれば殺されるかもしれないとの連絡を受けたが、戒厳を止めなければならないという決心は揺るがず、体を張って戒厳解除のために動き続けた。第１野党代表の李在明氏は、戒厳軍を恐れて国会の庭に隠れていて、かなり遅れて議場に入った。なお、韓東勲氏、李在明氏の与野党代表２人は戒厳軍の逮捕リストに入っていたことが判明した。

その韓氏は戒厳解除後も、尹錫悦大統領が選挙不正陰謀論を信じていて戒厳令宣布が正しかったと開き直るのを見て、彼から早急に大統領の権限を取り上げないと国が危ういと判断し、野党が提出した弾劾訴追案に賛成だと公言した。党代表である韓氏の意見に同意した与党議員十数人が弾劾に賛成したので、尹錫悦弾劾訴追案は国会の３分の２以上の賛成を得て成立した。その結果、韓氏は与党内多数派である親尹錫悦勢力によって「裏切り者」呼ばわりされ、代表職を追われた。

そのとき出した声明の中で韓東勲は、不正選挙陰謀論者をきちんと批判していた。傍線部分を再引用する。

皆様、わが国民の力は　月３日夜、党代表と議員が国民と共に一番先頭に立ってわが党が輩出した大統領が行った不法戒厳を防ぎました。憲法と民主主義を守りました。私はそれがほんとうの保守の精神だと思います。私が愛する国民の力の精神だと思います。私たちが不正選挙陰謀論者たち、極端なユーチューバーたちのような極端主義者たちに同調したり、商業的に生産する恐怖に蚕食されれば、保守に未来はないでしょう。

トランプ再選がもたらすもの

最後に第2期トランプ政権発足が朝鮮半島情勢にどのような影響を与えるかについて、日本の最優先課題である拉致被害者救出にとって最後の機会が来るという観点から論じておく。

金正恩は第2期トランプ政権に大きな期待をかけている。次のような情報があった。この間、北朝鮮が核実験をしなかった。軍事的には戦場で実際に使える、威力が小さい戦術核兵器の実験をする必要があった。なぜしなかったのか。理由は、金正恩が「トランプが2024年大統領選挙で当選する可能性がゼロになるまでは核実験するな」という命令を下していたからだという。金正恩はトランプが再度、大統領になったら「核実験をしないというあなたとの約束を守った」と言いたいのだ。

トランプ大統領も金正恩への関心は高い。2025年2月7日、トランプ大統領は日米首脳会談の後の記者会見で、金正恩委員長と接触するつもりかと質問されて、「われわれは北朝鮮、そして金正恩委員長と関係を持つことになるだろう。私は彼と非常に良好な関係を築いてきた」と答えた。

トランプ当選前から接触は行われていた。私は次のような情報を入手している。

2024年、米国大統領選挙前に東南アジアで2回、トランプ陣営と北朝鮮の秘密接触が持たれた。

大統領選挙後、国連代表部を通じて接触が持たれた。北朝鮮はトランプ就任後、できるだけ早く首脳会談を持ちたいと考えている。

しかし、トランプ政権は、イスラエルとテロ組織との紛争、ウクライナへのロシアの侵略戦争に加えて、パナマ運河やグリーンランドへの中国の浸透、不法移民の追放など、多数の課題に同時に取り組んでいる。そのため、北朝鮮問題が少し後回しになっている印象も受ける。

そこで北朝鮮は、トランプ側が動かなければ、軍事偵察衛星発射、核実験などをして関心を引こうとする準備をしていると聞いた。

金正恩が2025年1月6日に新型極超音速中長距離弾道ミサイルの試射、1月25日に水中発射戦略巡航ミサイルの試射に立ち会い、1月29日（報道）に濃縮ウラン工場を訪問したことは関心を引くための手段と見て良いだろう。

金正恩は日米首脳会談の翌日の2月8日に「軍創建節に際して国防省を祝賀訪問」して米国主導で東アジアの緊張が高まっているとして、次のように語った。

> 朝鮮半島地域に常時展開されている米国の核戦略手段と実戦水準で行われる米国主導の二国間および多国間の核戦争模擬演習、米国の地域軍事ブロックシナリオに従って構築された米・日・韓3国軍事同盟体制とそれを基軸とするアジア版NATOの形成は、朝鮮半島と北東アジア地域における軍事的不均衡を招き、新しい激突構図を作る根本要因として作用しており、わが国家の安全環境に重大な挑戦をもたらしている。

そのうえで「核力量を含む全ての抑止力を加速的に強化するための一連の新しい計画事業について言及し、核戦力をいっそう高度化していく」とした。

やはり、言葉で緊張を高めて米朝首脳会談を引き寄せようとしていると見ることもできる。ここで、トランプ、石破両氏の名前に言及していないこと、石破首相が自民党総裁選中に提唱した「アジア版NATO」にわざわざ触れていることに注目しておきたい。

2月7日、石破茂首相が訪米してトランプ米大統領と会談を持った。日米共同声明に「日本は、拉致問題の即時解決を実現するとの決意を改めて表明し、米国はそれを支持した」と明記された。石破首相の強い決意が大統領に伝わった。これはありがたかった。

拉致問題への「関与」が重要

一方、バイデン大統領と菅義偉、岸田文雄の両総理が発表した日米共同声明では「拉致問題の即時解決に対する米国のコミットメントを確認する」という表現がずっと使われてきた。今回は「コミットメント（関与）」という言葉がなくなり、「サポート（支持）」になった。この理由はわからない。石破首相が拉致問題は主権侵害であり日本が自ら解決すべきという持論を持っていることが関係しているのかもしれない。トランプ大統領に対して今、求めたいのは「コミットメント」であるという私の情勢分析からすると、今回それが落ちたことは残念だった。

トランプ大統領は第1期政権時代、金正恩氏との2回の首脳会談で拉致問題を取り上げた。トランプ大統領は金正恩氏に対して、核とミサイルを放棄することを求め、それをするならば北朝鮮は豊かな国になると説得した。しかし、米国は経済支援しないとも明言していた。

２０１９年2月の2回目の米朝首脳会談直前に米国政府から日本政府に国交正常化後にどの程度の金額の支援を準備しているのかという問い合わせがあった。トランプ大統領は金正恩氏に日本は米朝平壌宣言に基づき国交正常化後に大規模な経済支援を行うと伝えたのだろう。そのうえで、日本の支援の条件は拉致問題の解決だから、当時の安倍晋三首相に会うように勧めたのではないか。

同年5月にホワイトハウスを訪れた私たち家族会・救う会に対して、トランプ大統領の側近の高官は、「ハノイでの米朝首脳会談でトランプ大統領は日本人拉致問題を提起した。それに対して金正恩氏は中身のある回答を行った。その正確な内容は外交上の機密だが、安倍首相には伝えた」と語った。

金正恩がいったいどのように答えたのか。同年5月5日、共同通信が複数の日本関係者の話として、金正恩が「日朝間の懸案として拉致問題があるのはわかっている。いずれ安倍晋三とも会う」と発言したとの記事を配信した。

産経新聞の阿比留《あびる》類《るい》記者が、この共同の記事について安倍首相から直接聞いた内容を最近明らかにした。

記事について翌6日、筆者が安倍氏に直接確かめると、安倍氏はこう答えた。

「これについては何も言えない。トランプ大統領と（私との会話で）直接あった話だから。要するに、トランプ大統領と金氏の２人だけの会話で、米国はメモを取らないから。私はトランプ大統領から直接説明を受けたが、報道のような明確なものではない。トランプ大統領はメモを取らないし、自分の印象や希望も交じるだろう」

そうくぎを刺した上で、安倍氏は付け加えた。

「ただ、金氏が『安倍と会う用意がある』『拉致問題は知っている』というようなことを言ったというのはその通りだと思う」（産経新聞2024年12月5日）。

金正恩氏はハノイでトランプ大統領に、安倍首相に会う用意があると話したのだ。ところが、肝心の核放棄交渉が決裂してしまったので、安倍・金正恩会談は実現しなかった。

トランプ大統領の以上のような行動は、「拉致問題解決へのコミットメント」だ。だから、このタイミングでもう一度、トランプ大統領に次に金正恩氏と会談するときにも、ハノイでの米朝首脳会談と同じように拉致問題解決にコミットメントしてくださ

2025年2月20日、石破首相に面会した家族会・救う会メンバー。

いね、と念を押すことが大切だった。

２０２５年2月20日、私は家族会メンバーと一緒に石破首相と面会した（右写真）。「家族会・救う会」の新運動方針を手交することが面会の目的だった。そこで石破首相は、トランプ大統領との首脳会談で拉致問題について議論したとして、「今後、米朝間の交渉ということの可能性がございます。大統領にはその強い思いがあるというふうに拝察をした次第でございます。その際に必ずこの問題を提起するということで合意をした次第でございます」と語った。トランプ大統領が金正恩と会談するときに拉致問題を取り上げると約束したということだ。これはそのとき初めて明らかになった大変勇気づけられる事実だ。

核とミサイルをめぐる米朝の駆け引き

私が聞いた情報によると、北朝鮮側はトランプ第2期政権に対して段階的な核軍縮を提案する考えらしい。第1段階として２０１９年のハノイ会談で約束した①寧辺《ニョンビョン》の原子炉と再処理施設廃棄と②寧辺のウラン濃縮施設廃棄に加えて、③降仙《カンソン》のウラン濃縮施設廃棄と④米国本土まで届く大陸間弾道ミサイル廃棄を約束する。トランプ大統領も最初から完全な核廃棄が可能だとは考えていないはずだと予想し、この線で第1段階の米朝合意ができれば、日朝会談を提起して拉致問題を動かし、日本からの支援を実現させたいと考えているという。

金正恩は対米交渉の準備は金与正《キムヨジョン》副部長と崔善姫《チェソンヒ》外相に担当させているという。金与正副部長が書記室の担当部門を率いて総括責任を持ち、崔善姫外相が外務省を使って実務を担当している。旧統一戦線部である対敵局はいっさい関与していない。２０２４年後半、金与正副部長は書記室長の座を玄松月《ヒョンソンウォル》副部長に譲ったが、対米、対日、対南部門は依然として責任者だという。

金正恩政権の力の入れようからして、日朝よりも早く米朝が動く可能性が高い。だから日本としては、その場合に備えてトランプ大統領に拉致問題解決へのコミットメントを求めたいのだ。そのとき、鍵になるのは日本が北朝鮮支援をする条件について、しっかりとトランプ大統領に理解をしてもらっておくことだ。

拉致問題の解決を一刻も早く

米朝間で核問題の一定の合意ができた場合、日本からの対北朝鮮支援が必ず求められる。特に、北朝鮮は文在寅政権時代の韓国との交流を進めた結果、豊かで自由な韓国の実像が北朝鮮社会に知れ渡ってしまい、北朝鮮住民の多数が韓国への憧れを持つに至り、韓国との交流をいっさい断つという重大な戦略変更を行ったばかりだから、韓国からの支援は歓迎しないはずだ。そのうえ、本書で見たように、中国は北朝鮮を支援しないで、むしろ圧力をかけているし、ロシアはウクライナ戦争を停戦すれば、支援を打ち切る。日本からの支援に対する期待は以前に増して大きくなっている。

２０２５年３月初め、北朝鮮内部と連絡をとっている脱北者の友人は私に、いまや金正恩の希望は日本との関係改善しかないと、こう語った。

「金正恩は日本との交渉を体制生存の問題と関係づけている。中国とは金正恩政権が呑むことができない改革開放政策をとれと要求をし続けるので、関係改善は困難だ。日本は政策変更を求めないので、交流が拡大しても政権維持に負担とならない。韓国は左派政権ができても交流はできない。北朝鮮内部で韓国による統一への熱望と体制変化への要求が拡大するからだ。日本の過去賠償金で鉄道、道路、発電所の現代化をすることを計画している。４代目への世襲はもしかすると日本と交流が本当にできれば可能になるかもしれない。だから拉致被害者救出は日本が有利であり、戦略さえしっかり立て、情報を確保すれば勝算はある」

最悪なのは、米朝首脳会談で金正恩氏から、拉致問題については石破首相が望んでいる連絡事務所を設置して実務的に解決への交渉を進めたいと提案があった場合、トランプ大統領が石破首相の希望ならそれで良いのだろうと合意してしまうことだ。

そこで私たち家族会・救う会は次のような２０２５年運動方針を決めた。

時間がない！　政府は親の世代が存命のうちに全拉致被害者の即時一括帰国を実現せよ！

政府に、親の世代の家族が存命のうちに全拉致被害者の一括帰国を実現させること、そして、その実現が、北朝鮮への人道支援、独自制裁解除、国交正常化後の経済協力の条件であることを、内外に明らかにすることを求める。

親の世代の家族が被害者と抱き合うことなしに拉致問題の解決はない。もし、この期限内に全拉致被害者の一括帰国が実現しなかった場合、私たちは強い怒りを持って独自制裁強化を求める。

最後に、石破政権に伝えたい。北朝鮮は過去にもそうだったようにさまざまな謀略を仕掛けてくるだろう。それを跳ね返して『全拉致被害者の即時一括帰国』を求め続けて欲しい。連絡事務所や合同調査委員会の設置はどのような名目であれ時間稼ぎにしかならない。北朝鮮ではすべての情報が首脳に集約されており、すべての事案の決定権も首脳にあるのだから、下から積み上げる方式では成果は期待できない。まず、首脳会談を実現すべく全精力を傾けるべきだ。

金正恩政権は統一を放棄せざるを得ないほど追い込まれている。最後の希望として米朝首脳会談とその後の日本からの経済支援を考えている。この状況を最大限利用して、親の世代の家族会メンバーで唯一ご存命中の横田早紀江さんのもとにめぐみさんを取り戻すのだ。韓国の保守自由主義派、脱北者人権活動家の多くは、拉致被害者救出を強く支持し協力している。わが国は全拉致被害者の即時一括帰国という至上課題をまず実現したうえで、朝鮮半島の現代史の帰結である韓国主導の自由統一に向けて韓国の保守自由主義者との連携を強めていくべきだ。そのために、まず南北朝鮮で現代史の大きな変化が起きているという現実を正しく知ることが絶対に必要だ。本書がその一助になるならうれしい。

第10章　大統領弾劾・罷免後の韓国

弾劾決定で右翼全体主義に歯止め

ついに尹錫悦《ユンソンニョル》大統領の弾劾が決まり、弾劾決定の2か月後の2025年6月に繰り上げ大統領選挙が実施されるだろう。

憲法裁判所は3月末現在、国会が行った尹錫悦大統領弾劾訴追に関する審判結果を宣告していない。憲法裁の裁判官の定員は9人でその3分の2にあたる6人が賛成すれば弾劾が成立する。現在、1人が欠員で、8人の裁判官が審判にあたった。この場合でも6人の賛成が必要になる。結果は弾劾決定、大統領罷免以外考えられない。

弾劾審判は、刑法上の罪を問う刑事裁判とは異なり、大統領職務執行が不可能なほど重大な憲法違反・法律違反があったかどうかが争われる。今回は、12月3日に尹錫悦大統領が突然行った戒厳宣布が重大な憲法違反・法律違反だったかどうかが争点だった。憲法の戒厳規定に違反して軍を国会と選挙管理委員会に送った事実だけで重大な憲法違反であるうえ、尹錫悦は憲法裁判所で不正選挙陰謀論を主張し、野党の横暴を国民に知らせることが戒厳の目的だったなどという詭弁を弄して、憲法違反に対する反省の言葉を一言も述べなかった。「尹錫悦氏が大統領職に復帰したら、野党の横暴を知らせるための戒厳宣布は合法となるから、再度戒厳宣布をする危険性がある」と趙甲済《チョガプチェ》氏らが繰り返し主張していた正論が通じるはずだ。もし弾劾が成立しない場合は、李承晩《イスンマン》政権を倒したときと同じような激しい反政府デモが起き、流血の事態となるはずだ。

今後、内乱罪での刑事裁判が続くが、尹錫悦弾劾の成立で一応、韓国政治は右翼全体主義による戒厳宣布という異常な行動を、憲法秩序の枠の中でストップさせ、処理することに成功したと言えるだろう。弾劾に反対してきた極右勢力の一部が暴力行為を働くことがあったことは汚点だったが、韓国の自由民主主義体制はなんとか維持されたと言えるだろう。

今後の韓国政治の見通しを書くにあたって、韓国政治の座標軸をまず考えておきたい。最近、韓東勲《ハンドンフン》与党「国民の力」前代表が新著『韓東勲の選択　国民が先だ』（2月28日発刊）の中で次のように書いている。

> 国民のスペクトラムは広く、その両端はとても暗い。戒厳事態がよりそのように造成したようで恐ろしい。極端主義者たちは自分たちだけが共同体の価値を守ると話すが、事実は共同体のための価値を破壊する。真の民主主義者は政治的に損害を受けても極端主義者と確実に線を引かなければならないのだ。だから私は、［尹錫悦大統領弾劾訴追案に賛成したこと理由に党内の親尹派から攻撃されて］与党代表を辞退するときの会見でこのことを絶対に言いたかった。多くの保守政治家た

ちが心の中では憂慮しながら極端主義者の集団的リンチが怖くて公開的に言うことができない話だ。

私たちが不正選挙陰謀論者たち、極端的ユーチューバーたちのような極端主義者に同調したり彼らが商業的に生産する恐怖に侵食されたりしたら、保守の未来はないのです。

私も韓氏と同じ問題意識を持って、尹錫悦大統領の行った戒厳宣布は、不正選挙陰謀論にむしばまれた重大な憲法違反で、保守自由主義の範疇から外れ、右翼全体主義、あるいは極右に入ろうとしていると書いてきた。私の言う右翼全体主義のことを韓前代表は極端主義者と呼んでいるのだ。

韓氏はこの本でこうも書いている。12月3日夜、尹錫悦大統領が突然、与党代表であった自身にも事前にまったく相談無しに戒厳宣布を行ったとき、これは違憲・違法であり、与党代表として体を張って阻止しなければならないと瞬間的に判断し、SNSとマスコミを使ってすぐ発信した。国会に駆けつけて与党議員を集め、戒厳解除要求決議を行うために奮闘した。

戒厳が解除された後に、尹錫悦大統領が戒厳宣布の不法性を反省していないことを知って、彼にこれ以上大統領の職務を遂行させてはならないと判断した。それで野党が提出した弾劾訴追に賛成し、野党に迎合した裏切り者として与党代表の座を追われた。この過程の現場での体験が具体的に書かれている。歴史はどのように作られるのかがわかる一級資料だ。

弾劾反対派の激しいデモ

韓東勲前代表は韓国政治の座標軸がいま右にぶれてきたと指摘している。右の端にいる不正選挙陰謀論者たち、過激なユーチューバーなど極端主義者が戒厳事態によって力をつけて、まっとうな保守派を圧迫していると主張している。ここで彼が憂慮するように、与党「国民の力」は極端主義者に引きずられ極右の側に移動してしまった。そのことをまず見ておこう。

現状では戒厳宣布を支持し弾劾に反対する極右的勢力、右翼極端主義者が全国民の3割程度存在する。尹錫悦弾劾に反対した層は約4割で、その大部分は不正選挙陰謀論を信じている勢力と重なっている。尹錫悦大統領の支持率も、職務停止になった後、むしろ上昇している。

極端な右側に移動しつつある保守の実態は、弾劾反対デモの現場に行くとよくわかる。3月1日の独立運動記念日には弾劾反対派と弾劾賛成派が動員をかけて大規模集会を行ったが、動員数では弾劾反対派が圧勝した。

ソウルでは弾劾反対派は2か所で大規模集会を開いた。中心地の光化門《クァンファムン》に6万5000人、国会議事堂がある汝矣島《ヨイド》に5万5000人、合計12万人が集まり、弾劾賛成派は憲法裁判所のある安国《アングク》駅周辺に約2万人が集まった。以上の数字は、面積から割り出した警察推計だ。なお、3月15日土曜日には弾劾反対派6万人、弾劾賛成派4万4000人と差が縮まった。

私は3月1日の弾劾反対集会を現地で取材した。そこで目立ったのは憲法裁判所に対する攻撃だった。その攻撃は憲法秩序を超える激烈さがあった。

集会では憲法裁判所の文炯培《ムンヒョンベ》裁判官、李美善《イミソン》裁判官、鄭桂先《チョンゲソン》裁判官の3人がやり玉に上がっていた。

3人は左派裁判官らが作った私組織「ウリ法研究会」出身で左派であることは間違いない。

集会ではその3人の上半身の写真のポスターが目立った（左写真）。写真を黒枠で囲み遺影のようにして赤字で×をつけ、その上から赤字で「文炯培弾劾」などと大きく書かれ、下の方に「アカ政治判事、人民憲法裁判所、国民が審判する」と書かれていた。一番下には「不正選挙 選管委 捜査」「NO CHINA」「華僑、スパイ、親中議員剔抉《てっけつ》」との文字があり、中国による不正選挙があったとする妄想にとりつかれている陰謀論者が作成したポスターだとわかる。

また、集会ではその3人の憲法裁判官を処断せよと主張する金龍顕《キムヨンヒョン》前国防長官の獄中メッセージが朗読された。金龍顕氏は2014年12月3日の戒厳騒ぎで軍を動員した責任者として内乱罪容疑で逮捕され拘置所にいる。そこから、弁護士を通じて自筆のメッセージを集会に送ってきた。その中で金氏は、「1919年3月1日に大韓民国万歳を叫んだそのときの心情で自由大韓民国と尹錫悦大統領を守ってほしい」「憲法裁判所は弾劾審判で数多くの不法・違法行為がなされた」「弾劾審判は却下されなければならない」と主張し、「不法弾劾審判を主導した文炯培、李美善、鄭桂先を処断せよ」と集会参加者を扇動した。

2025年3月1日の弾劾反対集会で貼られたポスター。

現在の政治体制を否定する弾劾反対派

1987年に制定された現行韓国憲法で新設された憲法裁判所は、憲法上の独立機関で、司法、立法、行政の3権から独立している。裁判官の定員は9人、任命権者は大統領だが、そのうち3名は国会が選出し、3名は大法院長（最高裁長官）が指名する。6年の任期制であるから、比較的頻繁に交代する。米国の連邦裁判所判事は終身制、日本の最高裁判事は定年まで務める。

憲法裁判所は裁判所という名ではあるが、一般の司法機関とは異なり、かなり政治的な存在である。裁判官の選出方法からそれがわかる。選出母体がすべて選挙によって選ばれる政治的な存在だからだ。大統領は選挙で選ばれる。国会も選挙で選ばれた与野党議員で構成されている。大法院長は大統領が任命するから、大法院長任命の3人も間接的に大統領選挙の影響を受ける。

5年に1回の大統領選挙と4年に1回の国会議員選挙で示された民意によって、選出母体の3機関が左派優勢になったり右派優勢になったりする。その3つから6年任期で選ばれる憲法裁判所裁判官の政治的傾向も、間接的だが民意によって変動する。憲法解釈は法理だけでなく政治的な判断を含む。その判断を決めるのは最終的には選挙に現れた民意であるべきだという思想が、1987年憲法で新たに憲法裁判所を設置した背景にある。

2025年3月現在、憲法裁判所に左派裁判官3人が在職しているのも、民意の反映だと言える。弾劾反対集会でやり玉に上がっていた「ウリ法研究会」出身の3人のうち、文炯培氏、李美善氏は文《ムン》在寅《ジェイン》大統領が任命しており、鄭桂先氏は文在寅大統領が選んだ大法院長が指名している。文在寅政権が成立していなければ、この3人は憲法裁判所裁判官にはならなかったはずだ。

彼らの政治的な立場が偏向していると保守派が判断するなら、選挙で勝って次の任命時に交代させるしかない。それをせずに、憲法を無視して「国民がアカ政治判事を審判する」という主張は保守ではなく、極右、右翼全体主義、極端主義の主張だ。

ちなみに、文炯培氏、李美善氏の任期は2025年4月18日までだから、戒厳騒ぎを起こさなければ、尹錫悦大統領が後任を選ぶことができたはずだ。

戒厳反対集会では、憲法裁判所だけでなく、韓国の現在の政治体制全般が攻撃の対象になった。光化門集会の主催者、全光焄《チョンガンフン》「サラン第1教会」牧師は6万人以上集まった参加者に向かって、「憲法の上の権威である国民抵抗権を発動する」と宣言した。国民抵抗権とは政権が不法な権力を行使するとき、最後の手段として国民が物理的に抵抗することを意味する。今回不法に権力を行使したのは尹錫悦氏の戒厳宣布だった。尹錫悦を擁護する全氏らが国民抵抗権を行使するとは、論理矛盾だ。

全氏らは2024年12月28日に、「光化門国民抵抗宣言文」を発表して、次の12項目を「憲法の上の権威である国民抵抗権」によって実行すると宣言していた。それを3月1日にも彼らの機関紙「自由日報」の号外で配布していた。

1　尹錫悦大統領の弾劾は当初から無効
2　総理及び内閣を即時原状復帰
3　今回の戒厳令宣布と解除は合法的で正当だったとする
4　不正選挙を主導した選挙管理委員会を解体し不法選挙で当選した国会を解散して3か月以内に再

選挙実施
5 正当な戒厳を遂行して不法に逮捕抑留された軍人と警察官を即刻解放し原状復帰
6 戒厳に逆行した反国家勢力を即時逮捕し処罰
7 スパイによって掌握された民主労組、言論労組を含む主体《チュチェ》思想派勢力を徹底して剔抉
8 軍人、警察、検察、公務員は静かに見守るが、反国家勢力者たちは即時逮捕し処罰
9 尹錫悦政府は無能で戒厳に抵抗した者たちを即時解任し、大韓民国を建国した李承晩大統領精神と朴正煕大統領の産業化精神に忠実な者たちに交替
10 ウソ宣伝で社会を混乱させた反国家言論とユーチューブを制裁
11 国民たちには無限の自由と日常生活を保障
12 我々国民抵抗光化門本部は上の事項が貫徹されるまで継続して闘争
(「光化門国民抵抗宣言文」より)

選挙によらず、デモに集まった人々の力でこの12項目を実行するということは、憲法秩序の外で「革命」を起こそうという主張だ。集会は平和的に行われたが、主張は極端に過激だった。

深刻なのは、この弾劾反対集会に与党「国民の力」の有力政治家が参加して壇上で演説を行っていることだ。警察出身の徐千浩《ソチョンホ》議員は、「公捜処、選管委、憲法裁判所、不法と異常を行っています。このすべてをたたき壊すべきです。ぶっ壊そう」という驚くべき扇動演説をして物議を醸した［「公捜処」とは「高位公職者犯罪捜査処」の略称。文在寅政権下で新設された第2検察であり、尹錫悦大統領の内乱罪容疑

捜査を行った」。

与党「国民の力」は弾劾に反対するという立場をとっており、野党提案の弾劾訴追案に賛成した韓東勲代表を「裏切り者」として解任し、親尹錫悦系の権寧世《クォンヨンセ》議員を非常対策委員会の委員長に選んだ。韓東勲代表が行おうとした尹錫悦の党員資格停止処分は停止された。有力議員が尹錫悦逮捕に反対して逮捕現場で反対声明を読み上げ、拘置所にいた尹錫悦と面会し、3月12日には82人の国会議員が憲法裁判所を訪問して弾劾訴追案の却下を求める嘆願書を提出した。同党の議員は１０８人しかいないから75％の議員が弾劾に公然と反対している。

空き家になった中道保守

２０２５年3月8日、尹錫悦大統領がソウル中央地方裁判所の「勾留取り消し」決定により釈放された。この決定はこれまで慣例であった起訴前の勾留期間の計算法を日にち単位から時間単位に変更する異例の判断に基づくものだった。異例の計算法変更は事件を担当する検事らの強い反発を生み、即時抗告で上級審の判断を仰ぐべきだという意見が現場から出たが、検事総長がやはり異例の指揮をとって即時抗告をせず、尹氏を釈放してしまった。尹氏は釈放後、あたかも法廷闘争に勝って凱旋したかのようにガッツポーズを見せ、その日に発表した「国民への談話」で、戦いを続けるとしてこう述べた。

「選挙の公正を守るべき選管委が特定政派の道具に転落。司法体系の中で左派のウリ法研究会をはじめとする政治的理念に傾倒した勢力が法治を歪曲してきた。そのうえ、大韓民国を崩壊させようとするスパイ勢力が政府と社会のあちこちに浸透、国家の根幹を揺るがしていることを私たちは目撃している。これから国民の皆さまと、この戦いを最後まで続けます」

まさに極右勢力、右翼全体主義勢力のリーダーとして憲法秩序に挑戦することを支持者に呼びかけているのだ。この人が隣国の大統領だったのだ。弾劾されても彼の影響力は残るのだろう。

以上見たように、韓国政治の座標軸が右に移動している。中道保守政党だった「国民の力」が極右の側に滑り落ちてきた。その右側に、不正選挙陰謀論に立ち、数万人の動員力を持つ右翼全体主義勢力がいる。

したがって、中道保守が空き家になった。第1野党「共に民主党」の李在明《イジェミョン》代表はそれを見逃さなかった。突然、自分は左翼ではなく中道保守だと宣言して、日本大使や米国大使に面会して日米韓の連携は大切だと語り、日本の防衛力強化を評価すると明言した。

李在明氏は3月12日、「韓国経済新聞」元主筆で保守論客として不正選挙陰謀論と激しく戦ってきた鄭奎載《チョンギュジェ》氏と対談した。そこで李氏は、韓国政治の現状について、左右両陣営の山がありその中間に平原があり、そこでの左右の境界が行ったり来たりしてきたが、今回、保守が山に登ってしまったので空いていたところに入った、けっして空き巣狙いをしたのではなく、空き家に入っただけだと話した。

また、過去に財閥解体を叫んでいたことについて、考えが変わったと明言し、今大切なことは韓国の国際競争力を高めることであり、そのために財閥の果たす役割は大きい、国全体の経済が強くなって初めて分配の問題も解決できると語った。

李在明氏と鄭奎載氏は尹錫悦大統領の戒厳宣布とそれ以降の弾劾に抵抗する姿に対して、憲法秩序を壊そうとしているという認識で一致した。

李在明氏が主体思想など信奉しておらず、北朝鮮主導の赤化統一など目指していないこと、また、李在明氏が実は文在寅氏をひどく嫌っていることはすでに述べた（本書195頁）。そのことを私に教えてくれた保守派のリーダーは、李在明政権ができたら文在寅逮捕が実現する可能性が高いという驚くべき見通しを伝えた。

次期大統領の座をめぐる戦い

尹錫悦弾劾が決まり、2か月後の6月に繰り上げ大統領選挙が行われるはずだ。野党側は李在明代表が中道保守論を展開するなど、大統領選挙の準備に入っている。ただ、李在明代表は司法リスクという大きな弱点がある。3月26日に、1審では執行猶予付きの懲役2年の判決を受けた公職選挙法裁判の2審判決が予定されていた。有罪が確定すると、公民権が喪失して、大統領選挙に出ることが不可能になる。ただ、2審で有罪が維持されたとしても、大法院（最高裁）の判決は早くても6月になるから、繰り上げ大統領選挙までには結果が出ない。2審判決は無罪だった。検察が大法院に上告すればリスクは残る。

韓国憲法では、大統領は内乱罪以外の刑事訴追を免れるとされている。その「訴追」の中に大統領に就任する前に起訴された裁判も含まれるのかどうかについて憲法学者の意見が分かれている。もし、裁判が停止しないなら、大統領就任中にその当選を無効にする判決が確定する可能性が出てくる。当然、党内の候補選びの予備選挙、大統領選挙の本選挙で相手陣営はそのことを攻めるだろう。これが李在明代表の司法リスクだ。

保守は韓東勲氏、李俊錫《イジュンソク》氏［「国民の力」元代表。尹大統領に代表の座を追われ、新党「改革新党」を結成して国会議員となった］らに代表される戒厳を否定し、選挙不正陰謀論と戦う保守自由主義者と、尹錫悦氏をリーダーとする極右勢力に分裂している。

世論調査では保守側の次期候補として一番支持率が高いのが金文洙《キムムンス》雇用労働部長官だ。実は私は金文洙氏とは彼が国会議員として北朝鮮人権問題に熱心に取り組んでいた20年前からの知り合いだ。金文洙氏は韓国内に左派勢力が深く浸透しているとして文在寅政権と正面から戦ってきた。だから、尹錫悦大統領が戒厳宣布の理由に挙げた国内に反国家勢力が浸透しているという主張に同調している。戒厳宣布を支持するとは言わないが、弾劾されるほど重大な憲法違反ではないという立場だ。そして、選挙不正陰謀論に対しては公開的批判を控えている。

金文洙氏は韓国を支配している「反日反韓史観」と断固として戦う姿勢を持つ数少ない政治家だ。2024年8月、国会で、日本統治時代の韓国人の国籍は日本だったと答弁して激しく野党から非難されたが、まったくひるまなかった。日韓併合条約は締結当時から無効で、日本の朝鮮統治は不法なものだったから賠償責任がまだ残っているとする、2018年の朝鮮人戦時労働者に関する韓国最高裁判決に反対する、当たり前の歴史観を持っている。

一方、戒厳宣布と不正選挙陰謀論と戦って与党代表の座から追われた韓東勲氏も保守側の有力候補だ。その2人が与党予備選挙で尹錫悦評価、「反日反韓史観」評価などで激しい論争を行うならば、韓国保守は再生できるのではないか。

また、尹錫悦大統領によって与党代表の座を追われて「改革新党」を作った李俊錫議員は、すでに繰り上げ大統領選挙立候補を事実上宣言して、「尹錫悦と李在明の両方を乗り越えよう、左右の対決を超えて国を前に進めよう、政治の世代交代こそが時代が求めるものだ」と主張している。彼が台風の目となり、最後に候補一本化をすれば、保守にもまだ勝ち目はある。

「はじめに」でも書いたように、本書は、歴史的な大乱が起きた北朝鮮と韓国の実情について、日本の国益、なかでも拉致被害者救出に役立てるという問題意識を持ちながら現場を取材し情報を収集して、急ぎ書き上げたものだ。

本書出版の1か月あまり後には、韓国で新政権が発足しているはずだ。やはり同じ頃にはウクライナの戦争が停戦を迎える可能性が高い。そうなれば、北朝鮮は体制維持のためトランプに急接近するはずだ。米朝首脳会談も２０２５年のうちに実現している可能性があるし、日朝首脳会談の日程も表面に出てくるかもしれない。まさに激動の前夜だ。

本書の見通しがすべて正しいとは言えないが、なんとか横田めぐみさんたちを助けたい、そのためにできるだけ正確な朝鮮半島情勢を知りたいと思って書き上げた。

本書はこの間、月刊誌や新聞などに書いた拙論をもとにしている。大きく書き直していることもあって出典は記さなかった。月刊誌編集部、新聞の担当記者、そして草思社で担当してくださった木谷東男さんに感謝します。

著者略歴――――
西岡力（にしおか・つとむ）
1956年、東京都生まれ。国際基督教大学卒業。筑波大学大学院修士課程修了。外務省専門調査員として在韓日本大使館勤務、「現代コリア」編集長、東京基督教大学教授などを経て、現在（公財）モラロジー道徳教育財団教授・歴史研究室室長。麗澤大学特任教授。「救う会」会長。歴史認識問題研究会会長。著書に『日韓誤解の深淵』（亜紀書房）『増補新版・よくわかる慰安婦問題』『増補新版・でっちあげの徴用工問題』（草思社文庫）『日韓「歴史認識問題」の40年』『韓国の大統領はなぜ逮捕されるのか』（草思社）『狂った隣人』（ワック）など。

自壊する北朝鮮　分裂する韓国

2025年5月1日　第1刷発行

著　者　西岡　力
装幀者　間村俊一
発行者　碇　高明
発行所　株式会社 草思社
〒160-0022　東京都新宿区新宿1-10-1
電話　営業 03(4580)7676　編集 03(4580)7680

本文組版　株式会社 キャップス
本文印刷　中央精版印刷 株式会社
付物印刷　中央精版印刷 株式会社
製本所　大口製本印刷 株式会社

ISBN978-4-7942-2781-2 Printed in Japan　検印省略